Blockchain

Demistificare la Tecnologia Blockchain: Una Guida Completa ai Sistemi Decentralizzati

Giulia Verdi

Indice

INTRODUZIONE

Benvenuti a "Blockchain: Demistificare la Tecnologia Blockchain - Una Guida Completa ai Sistemi Decentralizzati". La tecnologia blockchain è diventata una forza potente nell'era digitale moderna, rivoluzionando diversi settori e sovvertendo le strutture consolidate. Aziende, governi e persone in tutto il mondo sono interessati ad essa grazie alla sua struttura decentralizzata, immutabilità e sicurezza.

Questa guida approfondita mira a demistificare la tecnologia blockchain e fornire una comprensione completa delle sue idee fondamentali, elementi e utilizzi. Questo e-book sarà il tuo punto di riferimento per comprendere la complessità di questa tecnologia rivoluzionaria, sia che tu sia un principiante curioso di blockchain o un professionista esperto che cerca di approfondire la sua conoscenza.

Nei capitoli successivi intraprenderemo un viaggio nel mondo della blockchain, iniziando con una panoramica del suo background e delle sue caratteristiche chiave. In questo e-book esamineremo le idee fondamentali alla base della blockchain, come la tecnologia del registro distribuito, la crittografia, le regole di consenso e i contratti intelligenti.

La decentralizzazione è un concetto vitale per comprendere completamente la blockchain. Approfondiremo le distinzioni tra sistemi centralizzati e decentralizzati, rivelando la forza e il potenziale dell'architettura peer-to-peer e delle reti decentralizzate. Esploreremo anche le applicazioni decentralizzate (DApps) e come stanno trasformando diversi settori.

Per ottenere una comprensione completa della blockchain, esamineremo i vari tipi di blockchain, tra cui blockchain pubbliche, private, consortili e ibride. Ogni versione ha caratteristiche uniche e casi d'uso che sono adattati ai requisiti e agli obiettivi dell'organizzazione.

Successivamente, esamineremo gli elementi che costituiscono la base della tecnologia blockchain. Scoprirai come ogni componente di un ecosistema blockchain interagisce, dai nodi della blockchain e le transazioni ai blocchi e agli alberi di Merkle. Approfondiremo anche i concetti di mining e validazione per fare luce sul processo che mantiene le reti blockchain sicure e affidabili.

Non possiamo ignorare le grandi piattaforme che hanno alimentato l'ampia accettazione della blockchain nella nostra indagine su di essa. Piattaforme come Bitcoin, Ethereum, Ripple, Hyperledger e altre hanno aperto la strada a applicazioni pratiche e stimolato l'innovazione.

Inoltre, esamineremo le varie applicazioni della tecnologia blockchain in settori come l'energia, la gestione della catena di fornitura, la sanità, la gestione dell'identità, i sistemi di voto e la finanza. Osservando questi esempi, potrai vedere di persona come la blockchain stia modernizzando i processi consolidati e aprendo nuove possibilità per l'efficienza, la trasparenza e la fiducia.

La tecnologia blockchain, tuttavia, non è priva di difficoltà e limitazioni. Esamineremo i principali ostacoli come la scalabilità, la privacy, le questioni legali, il consumo energetico e l'interoperabilità. Comprendere queste sfide fornirà importanti approfondimenti sulle aree che necessitano di ulteriori sviluppi e miglioramenti.

Infine, esamineremo l'adozione della tecnologia blockchain come è oggi e discuteremo delle tendenze emergenti. Analizzeremo come le aziende stanno utilizzando nuove tecnologie, cosa stanno facendo i governi e come potrebbe influire sulle industrie tradizionali. Immaginando il suo futuro, possiamo prevedere il potenziale rivoluzionario che la tecnologia blockchain porterà.

In questo e-book, vogliamo darti un'introduzione completa e comprensibile alla tecnologia blockchain. Il nostro obiettivo è fornirti le conoscenze e la comprensione necessarie per navigare con successo nel complesso mondo dei sistemi decentralizzati. Ti invitiamo sinceramente a intraprendere questo affascinante viaggio e a realizzare il pieno potenziale della blockchain, sia che tu sia un imprenditore, uno sviluppatore, uno studente o semplicemente un lettore curioso.

Quindi, iniziamo a svelare i misteri della tecnologia blockchain!

CAPITOLO I

Fondamenti della Blockchain

Tecnologia del Registro Distribuito

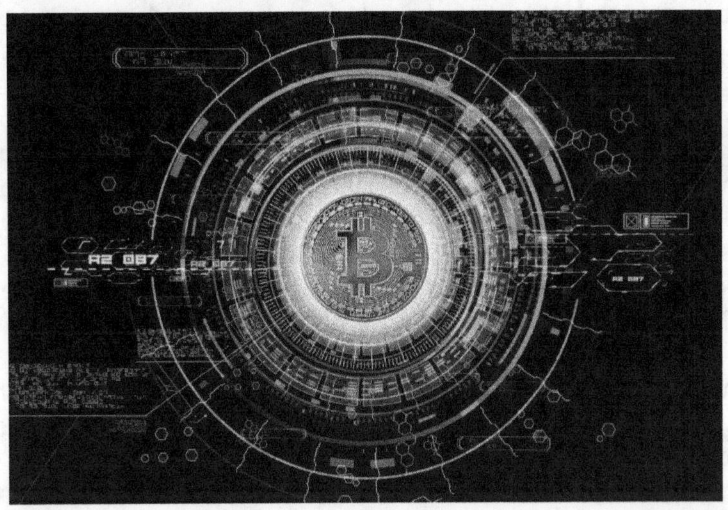

Nell'odierno mondo interconnesso, la fiducia e la trasparenza sono cruciali in una varietà di settori, dalla finanza alla gestione della catena di fornitura. I sistemi centralizzati tradizionali hanno a lungo servito come spina dorsale di questi processi, ma spesso presentano vulnerabilità, mancanza di trasparenza e dipendenza dagli intermediari. Entra in scena la tecnologia blockchain, con il suo concetto rivoluzionario di tecnologia del registro distribuito (DLT). In questa sezione esploreremo le complessità della DLT della blockchain, i suoi principi fondamentali e il suo potenziale di trasformare i settori fornendo un quadro immutabile, trasparente e decentralizzato per registrare e verificare le transazioni.

Il registro distribuito è al centro della tecnologia blockchain. Si riferisce a un database digitale che è condiviso e sincronizzato tra più nodi in una rete. A differenza dei registri centralizzati tradizionali, dove un'unica entità mantiene il controllo, un registro distribuito è decentralizzato e opera su un meccanismo di consenso. Garantisce che tutti i partecipanti abbiano accesso a una copia identica del registro, promuovendo fiducia, trasparenza e integrità dei dati.

Una delle caratteristiche fondamentali di un registro distribuito nella blockchain è la sua immutabilità. Una volta che una transazione è registrata nel registro, diventa quasi impossibile modificarla o manometterla. Questo è ottenuto attraverso l'hashing crittografico, dove a ciascuna transazione viene assegnata una firma digitale unica. Man mano che vengono aggiunte transazioni successive, esse vengono collegate tra loro in ordine cronologico, formando una struttura append-only. Questo garantisce che l'intera cronologia delle transazioni sia visibilmente trasparente e resistente a modifiche non autorizzate.

I meccanismi di consenso svolgono un ruolo vitale nel mantenere l'integrità e la sincronizzazione dei registri distribuiti. Sono algoritmi o protocolli che permettono ai partecipanti della rete di concordare sulla validità delle transazioni e sull'ordine in cui vengono aggiunte al registro. Esistono vari meccanismi di consenso, come Proof of Work (PoW), Proof of Stake (PoS) e Practical Byzantine Fault Tolerance (PBFT). Ogni meccanismo ha i suoi punti di forza e di debolezza, offrendo diversi compromessi in termini di sicurezza, scalabilità ed efficienza energetica.

La tecnologia del registro distribuito porta una trasparenza senza pari alle transazioni e ai record di dati. Poiché tutti i partecipanti hanno accesso allo stesso registro, possono verificare indipendentemente l'autenticità delle transazioni, eliminando la necessità di fiducia cieca negli intermediari. Questa trasparenza promuove la responsabilità e riduce il rischio di attività fraudolente, poiché eventuali discrepanze o transazioni sospette possono essere prontamente identificate e investigate.

L'immutabilità dei registri distribuiti garantisce l'integrità e la sicurezza delle transazioni registrate. È praticamente impossibile per attori malintenzionati modificare o manomettere i dati una volta che una transazione è stata autenticata e aggiunta al registro. Di conseguenza, la blockchain è permanentemente aggiornata con tutte le transazioni legittime. Inoltre, le tecniche crittografiche, come le firme digitali e le funzioni di hash, forniscono una protezione robusta contro l'accesso non autorizzato e garantiscono l'autenticità e l'integrità delle transazioni.

I sistemi centralizzati tradizionali sono suscettibili a singoli punti di fallimento e vulnerabilità. Al contrario, i registri distribuiti operano su una rete decentralizzata di nodi, dove nessuna singola entità ha il controllo su tutto il sistema. Questa decentralizzazione aumenta la resilienza del sistema contro attacchi e guasti. Anche se alcuni nodi falliscono o sono compromessi, i nodi rimanenti continuano a mantenere e convalidare il registro, garantendo la disponibilità e l'affidabilità dei dati.

La tecnologia del registro distribuito ha il potenziale di semplificare i processi e ridurre i costi operativi. Eliminando gli intermediari e la necessità di una riconciliazione manuale estensiva, le transazioni possono essere eseguite direttamente tra le parti, riducendo tempo, documentazione e costi associati. Inoltre, l'automazione e la programmabilità dei contratti intelligenti, che sono costruiti sulla base dei registri distribuiti, permettono accordi auto-eseguibili con regole e condizioni predefinite, aumentando ulteriormente l'efficienza e riducendo il carico amministrativo.

Il settore finanziario è stato rapido nell'abbracciare la DLT della blockchain, sfruttando il suo potenziale per rivoluzionare i processi bancari tradizionali. I registri distribuiti facilitano il commercio internazionale più rapido e sicuro, semplificano le procedure di Conosci il Tuo Cliente (KYC) e offrono una chiara traccia di audit per la conformità legale. Inoltre, le criptovalute basate su blockchain, come Bitcoin ed Ethereum, sono emerse come asset digitali alternativi, offrendo transazioni decentralizzate peer-to-peer senza la necessità di intermediari.

Le catene di fornitura sono reti complesse che coinvolgono più parti interessate, tra cui produttori, fornitori, distributori e rivenditori. La DLT della blockchain offre visibilità e tracciabilità end-to-end, consentendo il monitoraggio in tempo reale dei beni, verificando la loro origine e autenticità, e garantendo la conformità agli standard di qualità. Questo migliora l'efficienza della catena di fornitura, riduce la contraffazione e aumenta la fiducia tra i partecipanti.

Nel settore sanitario, la tecnologia del registro distribuito ha il potenziale di affrontare questioni critiche relative alla gestione dei dati dei pazienti, all'interoperabilità e alla privacy. Registrando e condividendo in modo sicuro le cartelle cliniche su un registro decentralizzato, i fornitori di servizi sanitari possono migliorare l'accessibilità ai dati, semplificare i processi sanitari e aumentare la gestione della privacy e del consenso dei pazienti. La DLT della blockchain consente anche la condivisione sicura dei dati di ricerca, portando a scoperte mediche accelerate e innovazioni.

I sistemi di gestione delle identità tradizionali sono frammentati, suscettibili a violazioni dei dati e mancano di controllo nelle mani degli individui. I registri distribuiti offrono una soluzione di identità auto-sovrana, dando agli individui proprietà e controllo sui propri dati personali.

Registrando le transazioni e gli attributi relativi all'identità su una blockchain, gli individui possono gestire e condividere le loro identità in modo sicuro, riducendo il rischio di furto di identità e frodi.

La DLT della blockchain ha il potenziale di rivoluzionare i sistemi di voto, affrontando problemi come la frode elettorale, la manomissione e la mancanza di trasparenza. Registrando i voti su un registro distribuito, le elezioni possono diventare più trasparenti, verificabili e resistenti alla manipolazione. Inoltre, i sistemi di voto basati su blockchain possono abilitare il voto sicuro e remoto, aumentando l'accessibilità e la partecipazione, mantenendo l'integrità del processo elettorale.

Sebbene la DLT della blockchain offra numerosi vantaggi, la scalabilità rimane una sfida significativa. Man mano che il numero di transazioni e partecipanti in una rete cresce, il throughput e la velocità del sistema possono essere impattati. Sono in corso esplorazioni di varie soluzioni di scalabilità, come lo sharding, i protocolli di secondo livello e i miglioramenti nei meccanismi di consenso, per affrontare questa sfida e consentire un'adozione diffusa.

L'interoperabilità tra diverse piattaforme e sistemi blockchain è cruciale per realizzare il pieno potenziale della tecnologia del registro distribuito. Attualmente, la mancanza di protocolli standardizzati e di compatibilità limita l'integrazione e lo scambio di dati tra diverse reti blockchain. Sono in corso sforzi per sviluppare soluzioni di interoperabilità e colmare il divario tra ecosistemi blockchain disparati.

Il panorama normativo che circonda la DLT della blockchain è ancora in evoluzione. Devono essere stabiliti quadri legali per affrontare preoccupazioni relative alla privacy dei dati, ai diritti di proprietà intellettuale, alla protezione dei consumatori e al riciclaggio di denaro. I governi e gli organismi di regolamentazione stanno lavorando attivamente per creare un ambiente favorevole che bilanci innovazione, sicurezza e conformità.

La DLT della blockchain è una tecnologia complessa che richiede una solida comprensione per sbloccare il suo pieno potenziale. Iniziative di educazione e sensibilizzazione sono essenziali per colmare il divario di conoscenze e facilitare un'adozione diffusa. Man mano che la blockchain diventa sempre più mainstream, gli sforzi per educare individui, aziende e legislatori sui suoi benefici, casi d'uso e migliori pratiche di implementazione sono cruciali per il suo successo a lungo termine.

Crittografia e Sicurezza

Poiché le violazioni dei dati e le minacce informatiche sono diventate più comuni nell'era digitale, è cruciale garantire la sicurezza e l'integrità degli asset digitali. Con il suo uso innovativo della crittografia, la tecnologia blockchain è emersa come uno strumento potente per affrontare queste problematiche e fornire una forte sicurezza. Questa sezione esplora le sfumature della crittografia blockchain e come funziona per proteggere i dati, garantire le transazioni e favorire la fiducia nei sistemi distribuiti.

La crittografia è il componente fondamentale per la sicurezza e la privacy della tecnologia blockchain. La sicurezza delle informazioni è la scienza di crittografare e decrittografare i dati per impedire l'accesso non autorizzato. La blockchain utilizza una serie di tecniche crittografiche per proteggere le transazioni, verificare le identità e garantire l'accuratezza dei dati memorizzati.

Le funzioni hash sono un componente cruciale della crittografia blockchain. Sono formule matematiche che accettano dati di input di qualsiasi dimensione e generano un hash, ovvero un output di dimensione fissa. Le funzioni hash sono funzioni a senso unico, il che significa che è computazionalmente impossibile derivare l'input originale dall'hash. Questa proprietà garantisce l'integrità dei dati sulla blockchain, poiché anche una piccola modifica nei dati di input comporterebbe un valore hash completamente diverso.

Per confermare la legittimità e l'integrità delle transazioni sulla blockchain, le firme digitali sono essenziali. Sono create utilizzando la crittografia asimmetrica, in cui un utente possiede una chiave privata e una chiave pubblica corrispondente. La chiave privata viene utilizzata per firmare la transazione, generando una firma digitale unica che può essere verificata solo utilizzando la chiave pubblica corrispondente. Le firme digitali forniscono la non ripudiabilità, garantendo che una transazione non possa essere negata o alterata una volta firmata.

La crittografia asimmetrica, comunemente nota come crittografia a chiave pubblica, è un tipo di crittografia che utilizza due set di chiavi: una chiave pubblica e una chiave privata. La chiave pubblica è condivisa apertamente e utilizzata per la crittografia, mentre la chiave privata è mantenuta segreta e utilizzata per la decrittografia. La crittografia a chiave pubblica consente comunicazioni sicure e scambi di dati in un ambiente decentralizzato, poiché consente ai partecipanti di crittografare le comunicazioni utilizzando la chiave pubblica del destinatario, che può essere decrittata solo con la chiave privata associata.

L'uso della crittografia da parte della blockchain fornisce proprietà resistenti alla manomissione, garantendo che i dati memorizzati sulla blockchain rimangano invariati e sicuri. L'immutabilità delle funzioni hash e la struttura append-only della blockchain impediscono agli attori malintenzionati di manomettere le transazioni precedentemente registrate. Qualsiasi tentativo di alterazione o manomissione risulterebbe in una discrepanza tra l'hash calcolato e il valore hash memorizzato, avvisando la rete dell'attività dannosa.

La tecnologia blockchain risponde alla necessità di privacy e riservatezza attraverso tecniche crittografiche. Mentre la blockchain sottostante è trasparente e visibile a tutti i partecipanti, le informazioni sensibili possono essere protette utilizzando metodi di crittografia. Ad esempio, i dati privati possono essere crittografati prima di essere memorizzati sulla blockchain, garantendo che solo le parti autorizzate con le chiavi di decrittazione necessarie possano accedere alle informazioni.

La crittografia garantisce la sicurezza della verifica delle transazioni sulla blockchain. Utilizzando le firme digitali, i partecipanti possono verificare l'autenticità delle transazioni senza rivelare le loro chiavi private. Ogni transazione è firmata con la chiave privata del mittente e può essere verificata utilizzando la chiave pubblica corrispondente. Questo processo elimina la necessità di intermediari e favorisce la fiducia nella rete decentralizzata.

I meccanismi di consenso come il Practical Byzantine Fault Tolerance (PBFT) e il Proof of Work (PoW) contribuiscono alla sicurezza delle reti blockchain. Nel PoW, il processo di risoluzione del puzzle crittografico richiede una notevole potenza computazionale, rendendo proibitivamente difficile per gli attori malintenzionati manipolare il consenso. Il PBFT, d'altra parte, si basa su algoritmi di tolleranza ai guasti bizantini, che garantiscono che la rete possa tollerare una certa percentuale di nodi difettosi o malintenzionati senza compromettere la sicurezza e la validità delle transazioni.

Gli alberi di Merkle, noti anche come alberi hash, sono strutture dati crittografiche utilizzate nella blockchain per verificare in modo efficiente l'integrità di grandi set di dati. Gli alberi di Merkle consentono una verifica efficiente dell'integrità di una transazione verificando solo una piccola parte dei dati, nota come Merkle proof. Questo approccio riduce il carico computazionale e migliora la scalabilità delle reti blockchain.

Le prove a conoscenza zero (Zero-knowledge proofs) sono metodi crittografici che consentono a una parte—il prover—di dimostrare a un'altra—il verifier—l'autenticità di una dichiarazione senza rivelare ulteriori informazioni. Le prove a conoscenza zero hanno il potenziale di migliorare la privacy e la riservatezza sulla blockchain, consentendo ai partecipanti di convalidare la correttezza delle transazioni o dei dati senza divulgare dettagli sensibili.

Un metodo crittografico complesso chiamato crittografia omomorfica consente di eseguire calcoli sui dati crittografati senza doverli prima decrittografare. Questa proprietà consente calcoli sicuri e analisi dei dati su dati blockchain crittografati, preservando la privacy e la riservatezza delle informazioni sensibili. La crittografia omomorfica ha un grande potenziale per le applicazioni blockchain in settori in cui la privacy dei dati è fondamentale, come la sanità e i servizi finanziari.

Il calcolo quantistico rappresenta una potenziale minaccia per la sicurezza degli algoritmi crittografici tradizionali utilizzati nella blockchain. Man mano che i computer quantistici diventano più potenti, potrebbero violare gli algoritmi di crittografia che proteggono le reti blockchain. Per affrontare questa sfida, sono in corso ricerche per sviluppare algoritmi crittografici resistenti ai quanti che possono resistere agli attacchi dei computer quantistici, garantendo la sicurezza a lungo termine dei sistemi blockchain.

La gestione efficace delle chiavi è cruciale per mantenere la sicurezza delle reti blockchain. Le chiavi private devono essere memorizzate in modo sicuro e protette da accessi non autorizzati. Portafogli hardware, schemi multi-firma e soluzioni sicure di archiviazione delle chiavi sono impiegati per mitigare il rischio di furto o compromissione delle chiavi. Inoltre, i meccanismi di revoca e rotazione delle chiavi garantiscono la continua sicurezza dei sistemi blockchain.

Mentre la crittografia fornisce misure di sicurezza robuste, l'elemento umano rimane un punto vulnerabile nei sistemi blockchain. Gli attacchi di ingegneria sociale, come il phishing o l'impersonificazione, possono sfruttare la fiducia umana e compromettere le chiavi private o le informazioni sensibili. Educare gli utenti sulle migliori pratiche di sicurezza, promuovere meccanismi di autenticazione robusti e aumentare la consapevolezza sui rischi potenziali sono essenziali per proteggere i sistemi blockchain.

Meccanismi di Consenso

Il principio fondamentale della decentralizzazione della tecnologia blockchain consente alle transazioni di essere trasparenti e resistenti senza l'uso di intermediari. Tuttavia, una rete decentralizzata rende più difficile concordare sulla legittimità e sull'ordine cronologico delle transazioni. Per risolvere questo problema, i meccanismi di consenso della blockchain creano un sistema in cui gli utenti possono concordare sullo stato attuale del registro. I complessi meccanismi di consenso utilizzati dalle blockchain, la loro importanza nel garantire fiducia e accordo, e i numerosi algoritmi e tecniche impiegati per proteggere le reti decentralizzate sono esplorati in questa sezione.

Nel contesto della blockchain, il consenso si riferisce al processo di raggiungere un accordo tra gli utenti di una rete decentralizzata sulla legittimità e sulla sequenza delle transazioni. I metodi di consenso garantiscono che tutti abbiano una comprensione comune dello stato della blockchain, promuovendo la fiducia e preservando l'affidabilità del registro distribuito.

Nei sistemi centralizzati, il consenso viene raggiunto utilizzando un'autorità centrale affidabile, come una banca o un'agenzia governativa. Tuttavia, le reti decentralizzate mancano di un'autorità centrale per imporre il consenso. Le tecniche di consenso forniscono agli utenti un modo per concordare sullo stato della blockchain senza dipendere da un'unica autorità. Attraverso il consenso distribuito, si impedisce agli attori malintenzionati di controllare la rete e si rendono possibili transazioni senza fiducia.

Il Proof of Work è il primo e più noto meccanismo di consenso introdotto da Bitcoin. Nel PoW, i partecipanti alla rete, noti come miner, competono per risolvere un puzzle computazionalmente intenso. Il primo miner che trova la soluzione viene ricompensato e aggiunge un nuovo blocco alla blockchain. Il PoW richiede una notevole potenza computazionale, rendendo difficile per gli attori malintenzionati controllare la rete. Tuttavia, è ad alta intensità energetica e può soffrire di limitazioni di scalabilità.

Il Proof of Stake è un meccanismo di consenso alternativo che mira ad affrontare il consumo di energia e i problemi di scalabilità del PoW. Con il PoS, gli utenti possono aggiungere nuovi blocchi alla rete e approvare transazioni in base alla quantità di monete che possiedono o hanno messo in gioco nel sistema. I validatori sono scelti in base alla loro quota, e le loro possibilità di essere selezionati aumentano con la quantità di criptovaluta che detengono. Il PoS è efficiente dal punto di vista energetico ma introduce nuove sfide relative alla distribuzione iniziale della ricchezza e al potenziale di centralizzazione delle partecipazioni.

Una variante del PoS nota come Delegated Proof of Stake introduce un sistema basato su votazioni per selezionare un numero limitato di delegati o produttori di blocchi che validano le transazioni e creano nuovi blocchi. Questi delegati sono eletti dai partecipanti alla rete e si alternano nella produzione dei blocchi in ordine deterministico. Il DPoS mira a ottenere tempi di conferma dei blocchi più rapidi e scalabilità affidandosi a un numero ridotto di delegati fidati. Tuttavia, può soffrire di problemi di centralizzazione e concentrazione dei voti.

Il Practical Byzantine Fault Tolerance è un meccanismo di consenso che si concentra sul raggiungimento dell'accordo in presenza di guasti bizantini, dove i nodi possono esibire comportamenti arbitrari, incluse azioni dannose. Il PBFT garantisce che la maggioranza dei nodi concordi sull'ordine delle transazioni attraverso un processo di votazione multi-round. Offre una finalità delle transazioni rapida ed è ampiamente utilizzato nelle reti blockchain con autorizzazione. Tuttavia, può avere limitazioni in termini di scalabilità e dimensioni della rete.

Un piccolo gruppo di nodi fidati è chiamato validatori o autorità nel metodo di consenso Proof of Authority, che utilizzano per verificare le transazioni e costruire nuovi blocchi. I validatori sono tipicamente entità o individui reputati che agiscono nel migliore interesse della rete. Il PoA offre un'elevata capacità di elaborazione, bassa latenza ed efficiente finalità delle transazioni. Tuttavia, sacrifica la decentralizzazione e introduce una dipendenza da autorità fidate.

Il problema dei generali bizantini è un problema teorico che evidenzia le sfide nel raggiungere il consenso in una rete distribuita dove alcuni nodi possono esibire guasti bizantini. I guasti bizantini si riferiscono a nodi che possono comportarsi arbitrariamente, inclusa la diffusione di informazioni false o il tentativo di interrompere il consenso. Gli algoritmi di Byzantine Fault Tolerance (BFT) mirano a risolvere questo problema e a consentire il consenso anche in presenza di tali nodi difettosi.

Il PBFT è uno degli algoritmi BFT più noti. Utilizza un processo di votazione multi-round per raggiungere l'accordo sull'ordine delle transazioni. I nodi noti come repliche ricevono le richieste dei clienti, le propagano ad altre repliche e concordano collettivamente sull'ordine delle richieste attraverso una serie di round. Il PBFT fornisce un'elevata finalità delle transazioni, un rapido consenso e una resistenza ai comportamenti dannosi. Tuttavia, richiede un set predefinito di partecipanti e può soffrire di limitazioni di scalabilità.

Tendermint è un algoritmo di consenso BFT progettato per le reti blockchain con autorizzazione. Impiega un processo round-robin deterministico per selezionare un proponente di blocco che crea un blocco e lo invia ad altri validatori per la votazione. Il consenso viene raggiunto quando due terzi dei validatori concordano su un blocco. Tendermint offre tempi di conferma dei blocchi rapidi, alta capacità di elaborazione e tolleranza ai guasti bizantini. È utilizzato in vari progetti blockchain e offre un equilibrio tra prestazioni e sicurezza.

Le blockchain pubbliche, come Bitcoin ed Ethereum, si basano su meccanismi di consenso per consentire transazioni sicure e decentralizzate. La scelta del meccanismo di consenso influisce sulle caratteristiche della blockchain, inclusi la finalità delle transazioni, la scalabilità, l'efficienza energetica e la decentralizzazione. Il PoW è stato ampiamente adottato nelle blockchain pubbliche, fornendo sicurezza ma soffrendo di sfide di scalabilità. I meccanismi basati sul PoS, come la prossima transizione di Ethereum a Ethereum 2.0, mirano ad affrontare queste limitazioni.

Le blockchain private e consortili spesso hanno requisiti diversi rispetto alle blockchain pubbliche. Operano in un ambiente più controllato con partecipanti noti e possono dare priorità alla scalabilità, privacy ed efficienza. I meccanismi di consenso come il PoA e il PBFT sono comunemente utilizzati nelle blockchain private e consortili, offrendo una finalità delle transazioni più rapida, bassa latenza e partecipazione controllata. Questi meccanismi sono particolarmente adatti per applicazioni aziendali, gestione della catena di fornitura e reti basate su consorzi.

La scalabilità rimane una sfida significativa per i meccanismi di consenso blockchain. Man mano che il numero di transazioni e di partecipanti alla rete aumenta, la capacità di elaborazione e i tempi di conferma possono essere impattati. Varie soluzioni, come lo sharding, le soluzioni di livello 2 e i progressi negli algoritmi di consenso, vengono esplorate per affrontare le sfide di scalabilità e consentire l'adozione diffusa della tecnologia blockchain.

I meccanismi di consenso basati sul Proof of Work sono stati criticati per il loro consumo energetico. Man mano che l'impatto ambientale del mining ad alta intensità energetica diventa una preoccupazione, i meccanismi di consenso alternativi, come il PoS e gli algoritmi basati su BFT, stanno guadagnando terreno grazie ai loro minori requisiti energetici. La ricerca e l'innovazione future dovrebbero continuare a dare priorità ai meccanismi di consenso efficienti dal punto di vista energetico per mitigare l'impronta ecologica della tecnologia blockchain.

L'interoperabilità tra diverse reti blockchain e meccanismi di consenso è cruciale per lo scambio senza soluzione di continuità di asset e informazioni. Gli sforzi di standardizzazione e i protocolli che consentono la comunicazione e l'interoperabilità tra blockchain eterogenee sono necessari per sbloccare il pieno potenziale della tecnologia blockchain. Questo include la creazione di framework di interoperabilità del consenso e la facilitazione delle transazioni cross-chain.

Contratti Intelligenti

Il modo in cui vengono eseguite e registrate le transazioni ha subito un cambiamento fondamentale grazie alla tecnologia blockchain. I contratti auto-eseguibili codificati sulla blockchain sono all'avanguardia di questo cambiamento. Gli smart contract offrono efficienza, trasparenza e fiducia grazie alla capacità di automatizzare e semplificare una varietà di operazioni in diversi settori. La complessità degli smart contract della blockchain, nonché i loro vantaggi e gli effetti sullo sviluppo dei sistemi decentralizzati, sono esaminati in questa sezione.

Sulla blockchain, gli smart contract sono accordi auto-eseguibili con termini e condizioni predeterminati. Senza l'uso di intermediari, questi contratti eseguono e rispettano automaticamente i termini concordati. In un ambiente decentralizzato, gli smart contract utilizzano codice, logica e concetti crittografici per fornire transazioni sicure e senza fiducia.

Gli smart contract sono spesso descritti come Turing completi, il che significa che possono eseguire qualsiasi funzione computabile dato abbastanza tempo e risorse. Questa flessibilità consente agli smart contract di gestire una vasta gamma di applicazioni, dalle semplici transazioni agli accordi complessi tra più parti e alle applicazioni decentralizzate (DApp).

Gli smart contract automatizzano l'esecuzione delle transazioni, eliminando la necessità di intermediari e interventi manuali. Codificando i termini e le condizioni di un accordo nel codice, le parti possono fidarsi che il contratto sarà eseguito esattamente come programmato. Questa automazione riduce i costi, semplifica i processi ed elimina il potenziale di errore umano o bias.

Gli smart contract abilitano la programmabilità, consentendo agli sviluppatori di incorporare logiche condizionali e flussi di lavoro complessi. Questi contratti possono includere dichiarazioni if-then, trigger basati sul tempo, requisiti di firma multipla e altre clausole condizionali. Questa programmabilità consente agli utenti di creare regole aziendali personalizzate, abilitando accordi più avanzati e su misura.

Gli smart contract operano in modo decentralizzato sulla blockchain, eliminando la necessità di intermediari e autorità centralizzate. I meccanismi di consenso e i protocolli crittografici alla base della blockchain garantiscono che i termini dello smart contract siano applicati in modo trasparente e senza fare affidamento su un singolo punto di fallimento. Questa natura decentralizzata favorisce la fiducia tra le parti, poiché le transazioni sono verificabili e non possono essere alterate senza consenso.

Gli smart contract hanno applicazioni significative nei servizi finanziari, come il facilitare il prestito peer-to-peer, i reclami assicurativi e gli scambi decentralizzati. Consentono l'esecuzione automatica dei pagamenti, dei calcoli degli interessi e dei processi di regolamento, riducendo i ritardi e gli errori umani. Gli smart contract migliorano anche la trasparenza finanziaria e l'audit, poiché la cronologia delle transazioni è registrata sulla blockchain.

Nella gestione della catena di fornitura, gli smart contract migliorano la trasparenza, la tracciabilità e l'efficienza. Consentono il tracciamento automatizzato delle merci, la verifica dell'autenticità dei prodotti e la visibilità in tempo reale nella catena di fornitura. Gli smart contract semplificano processi come gli ordini di acquisto, la verifica delle consegne e i regolamenti di pagamento, riducendo la burocrazia e le controversie tra le parti interessate.

Gli smart contract hanno il potenziale di trasformare la sanità migliorando la sicurezza dei dati, l'interoperabilità e l'assistenza centrata sul paziente. Consentono l'archiviazione sicura e la condivisione delle cartelle cliniche, la gestione del consenso e l'elaborazione automatizzata dei reclami assicurativi. Gli smart contract possono facilitare lo scambio senza soluzione di continuità dei dati tra i fornitori di servizi sanitari, migliorando il coordinamento delle cure e riducendo gli errori medici.

Gli smart contract possono rivoluzionare la gestione dei diritti di proprietà intellettuale. Codificando gli accordi di licenza e i termini di copyright negli smart contract, i creatori possono far valere automaticamente i loro diritti, ricevere royalties e tracciare l'uso. Questa automazione riduce la necessità di intermediari nell'applicazione del copyright, fornendo agli artisti e ai creatori un maggiore controllo e trasparenza sulla loro proprietà intellettuale.

Gli smart contract possono migliorare i processi di governance automatizzando i sistemi di voto e le decisioni. Consentono elezioni sicure e trasparenti, garantendo l'integrità del processo di voto. Gli smart contract possono anche facilitare modelli di governance decentralizzata, in cui le parti interessate possono partecipare alle decisioni attraverso meccanismi di voto codificati nei contratti.

Gli smart contract sono suscettibili a vulnerabilità e bug nel loro codice. Una revisione e un test inadeguati del codice possono portare a violazioni della sicurezza e perdite finanziarie. Revisioni approfondite del codice, audit di terze parti e rigorosi processi di test sono cruciali per mitigare questi rischi e garantire l'affidabilità degli smart contract.

Il contesto legale e normativo che circonda gli smart contract è ancora in evoluzione. I quadri legali tradizionali potrebbero non adattarsi completamente agli aspetti unici degli smart contract, come l'auto-esecuzione e l'immutabilità. È necessaria chiarezza riguardo all'applicabilità dei contratti, alla risoluzione delle controversie e alla responsabilità nelle transazioni con smart contract. Gli esperti legali e i decisori politici devono lavorare per adattare le leggi esistenti o svilupparne di nuove per affrontare queste considerazioni.

Gli smart contract richiedono spesso dati esterni per attivare o convalidare la loro esecuzione. Gli oracoli fungono da ponti tra la blockchain e le fonti di dati esterne. Tuttavia, garantire l'affidabilità e la sicurezza degli oracoli è cruciale, poiché introducono potenziali vulnerabilità e punti di fallimento. Integrare oracoli affidabili e progettare meccanismi di verifica dei dati robusti è essenziale per mantenere l'integrità delle operazioni degli smart contract.

Man mano che la tecnologia blockchain evolve, vengono sviluppate soluzioni di scalabilità di secondo livello per affrontare le limitazioni di scalabilità degli smart contract. Queste soluzioni mirano a migliorare il throughput delle transazioni e a ridurre le commissioni elaborando alcune computazioni off-chain, garantendo al contempo la sicurezza e la fiducia della regolazione on-chain.

L'interoperabilità tra diverse piattaforme blockchain e linguaggi di smart contract è una sfida significativa. Sono in corso sforzi per sviluppare protocolli e standard di interoperabilità che consentano agli smart contract di interagire senza problemi tra reti blockchain eterogenee. Queste iniziative mirano a sbloccare il pieno potenziale degli smart contract, consentendo l'interoperabilità e la collaborazione cross-chain.

La privacy è una preoccupazione continua nei sistemi blockchain, in particolare nell'esecuzione degli smart contract. Innovazioni come le prove a conoscenza zero e le tecniche di preservazione della privacy vengono esplorate per consentire l'esecuzione sicura e privata degli smart contract preservando la riservatezza dei dati sensibili.

CAPITOLO II

Comprendere la Decentralizzazione

Sistemi Centralizzati vs. Decentralizzati

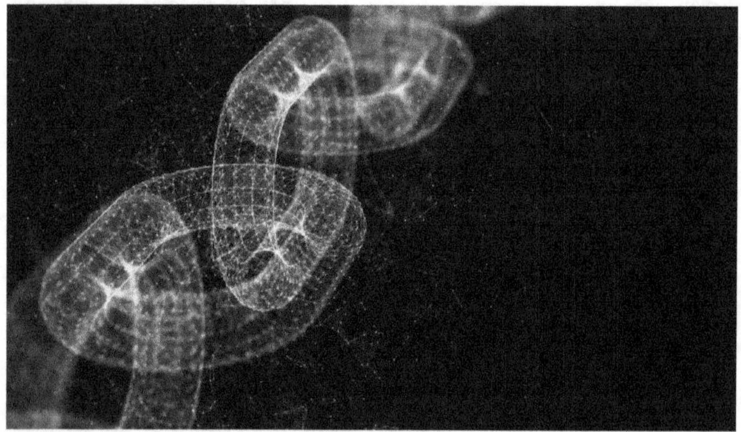

L'efficacia, la sicurezza e la governance dei sistemi sono fortemente influenzate dalla loro progettazione e struttura organizzativa nell'odierno ambiente digitale. I sistemi con gestione centralizzata e decentralizzata dei dati, dei servizi e del processo decisionale rappresentano due paradigmi organizzativi e di gestione opposti. Questa sezione confronta le strutture di governance, le considerazioni sulla sicurezza e la resilienza ai guasti dei sistemi centralizzati rispetto a quelli decentralizzati per esaminare le loro caratteristiche, i vantaggi e gli svantaggi.

La struttura gerarchica dei sistemi centralizzati è caratterizzata dalla concentrazione del controllo, dell'archiviazione dei dati e dell'autorità decisionale in un'unica organizzazione centrale o in un piccolo gruppo di entità centrali. Queste organizzazioni controllano il sistema scegliendo opzioni e allocando risorse per conto degli utenti. Governi tradizionali, istituzioni finanziarie e database centralizzati sono solo alcuni esempi di sistemi centralizzati.

In un sistema centralizzato, un'autorità centrale o un gruppo limitato di persone prende decisioni, utilizzando un approccio di governance top-down. Le linee guida, le direttive e la distribuzione delle risorse del sistema sono stabilite da questa autorità. Sebbene questo metodo possa portare a decisioni efficaci e a una responsabilità trasparente, concentra anche il potere e l'autorità decisionale in un numero limitato di persone, il che può causare problemi di trasparenza, corruzione e partecipazione limitata.

I sistemi centralizzati spesso implementano misure di sicurezza per proteggere dati e risorse. Possono utilizzare firewall, controlli di accesso e crittografia per salvaguardare le informazioni. Tuttavia, la concentrazione dei dati e dell'autorità decisionale in un'entità centrale crea un singolo punto di fallimento. Se l'entità centrale viene compromessa, l'intero sistema diventa vulnerabile ad attacchi, violazioni dei dati o manipolazioni. Inoltre, i sistemi centralizzati possono soffrire di una mancanza di trasparenza, poiché i partecipanti devono fidarsi dell'autorità centrale senza poter verificare indipendentemente l'integrità del sistema.

I sistemi centralizzati offrono tipicamente un'elevata scalabilità, poiché il processo decisionale e l'allocazione delle risorse possono essere coordinati ed eseguiti in modo efficiente. Tuttavia, sono più suscettibili a guasti e interruzioni. Un singolo punto di fallimento o un collo di bottiglia nel sistema può portare a interruzioni del servizio o a guasti a cascata che influenzano l'intero sistema. Le sfide di scalabilità e resilienza sono spesso affrontate attraverso infrastrutture ridondanti, sistemi di backup e piani di recupero di emergenza.

I sistemi decentralizzati distribuiscono l'autorità decisionale, il controllo e i dati tra più entità o partecipanti in una rete. Questi sistemi operano su un modello peer-to-peer (P2P), in cui i partecipanti interagiscono direttamente senza la necessità di intermediari. Esempi di sistemi decentralizzati includono le reti blockchain, il file sharing peer-to-peer e le piattaforme di finanza decentralizzata (DeFi).

I sistemi decentralizzati implementano un modello di governance distribuito, in cui l'autorità decisionale è condivisa tra i partecipanti. I meccanismi di consenso, come le votazioni o gli algoritmi di consenso, consentono ai partecipanti di prendere collettivamente decisioni che influenzano il sistema. Questo approccio promuove inclusività, trasparenza e responsabilità, poiché i partecipanti hanno voce in capitolo nelle regole, nei protocolli e nella direzione del sistema. Tuttavia, la governance decentralizzata può essere più lenta e complessa, richiedendo il consenso tra un numero maggiore di partecipanti.

I sistemi decentralizzati impiegano tecniche crittografiche, meccanismi di consenso e protocolli trasparenti per migliorare la sicurezza. Nei sistemi decentralizzati basati su blockchain, l'hashing crittografico, le firme digitali e gli algoritmi di consenso garantiscono l'integrità dei dati e l'autenticità delle transazioni. La natura distribuita del sistema riduce anche il rischio di un singolo punto di fallimento. Gli attacchi o le compromissioni richiederebbero una significativa potenza computazionale e coordinamento per manipolare l'intera rete, rendendo i sistemi decentralizzati più resilienti contro gli attori malintenzionati.

I sistemi decentralizzati offrono una resilienza e una tolleranza ai guasti intrinseche grazie alla loro natura distribuita. Anche se alcuni partecipanti falliscono o lasciano la rete, il sistema può continuare a operare senza interruzioni. Questa resilienza rende i sistemi decentralizzati più resistenti ai guasti, alla censura e agli attacchi. Tuttavia, ottenere la scalabilità nei sistemi decentralizzati può essere una sfida. Gli algoritmi di consenso e le limitazioni della rete possono imporre vincoli sulla capacità di elaborazione delle transazioni e sulla velocità di elaborazione. La ricerca continua e i progressi tecnologici stanno affrontando queste sfide di scalabilità nei sistemi decentralizzati.

I sistemi centralizzati forniscono una chiara catena di comando e autorità decisionale, consentendo un processo decisionale e un'allocazione delle risorse efficienti. Tuttavia, questa centralizzazione dell'autorità può comportare problemi come la mancanza di responsabilità, il coinvolgimento limitato e la mancanza di trasparenza. I sistemi decentralizzati, d'altra parte, distribuiscono la governance tra i partecipanti, favorendo inclusività e trasparenza. Sebbene la governance decentralizzata possa essere più lenta e richiedere consenso, offre un approccio più democratico e partecipativo al processo decisionale.

I sistemi centralizzati possono implementare misure di sicurezza robuste per proteggere dati e risorse. Tuttavia, la loro natura centralizzata crea un singolo punto di fallimento, rendendoli vulnerabili ad attacchi, violazioni o manipolazioni. I sistemi decentralizzati impiegano protocolli crittografici, meccanismi di consenso e protocolli trasparenti per migliorare la sicurezza e proteggere dagli attacchi. La natura distribuita dei sistemi decentralizzati li rende più resilienti agli attacchi e riduce la dipendenza dalla fiducia in un'unica entità.

I sistemi centralizzati offrono un'alta scalabilità e un'efficiente allocazione delle risorse. Tuttavia, sono più suscettibili a guasti e interruzioni a causa della concentrazione delle risorse e dell'autorità decisionale. I sistemi decentralizzati forniscono una resilienza e una tolleranza ai guasti intrinseche, consentendo al sistema di continuare a operare anche se singoli partecipanti falliscono o lasciano la rete. Tuttavia, ottenere la scalabilità nei sistemi decentralizzati può essere una sfida a causa dei meccanismi di consenso e delle limitazioni della rete.

La tecnologia blockchain è emersa come un esempio prominente di sistemi decentralizzati. Utilizzando registri distribuiti, meccanismi di consenso e tecniche crittografiche, la blockchain fornisce una piattaforma trasparente, sicura e decentralizzata per varie applicazioni. La natura decentralizzata della blockchain promuove fiducia, sicurezza e resilienza offrendo potenziali soluzioni ai problemi affrontati dai sistemi centralizzati. Tuttavia, la scalabilità delle reti blockchain e i compromessi tra decentralizzazione ed efficienza sono ancora aree di ricerca e sviluppo attive.

Gli approcci ibridi combinano elementi di sistemi centralizzati e decentralizzati. Questi approcci mirano a sfruttare i vantaggi di entrambi i modelli mitigando al contempo i loro svantaggi. Ad esempio, il cloud computing ibrido combina la scalabilità e l'efficienza dell'infrastruttura cloud centralizzata con la sicurezza aggiuntiva e il controllo delle soluzioni cloud on-premises o private. I modelli ibridi possono offrire flessibilità, personalizzazione e ottimizzazione dell'allocazione delle risorse in base ai requisiti specifici.

Reti Decentralizzate e Architettura Peer-to-Peer

Nell'era digitale, in cui lo scambio di informazioni e la collaborazione sono parte integrante della nostra vita quotidiana, la progettazione e la struttura delle reti giocano un ruolo cruciale. Le reti decentralizzate e l'architettura peer-to-peer (P2P) sono emerse come potenti alternative ai modelli centralizzati tradizionali, offrendo maggiore autonomia, scalabilità e resilienza. Questa sezione esplora le caratteristiche, i vantaggi e le sfide delle reti decentralizzate e dell'architettura P2P, evidenziando il loro ruolo nel promuovere la collaborazione, la privacy dei dati e l'innovazione.

Le reti decentralizzate sono sistemi in cui il controllo, il processo decisionale e i dati sono distribuiti tra più entità o nodi, anziché essere concentrati in un'autorità centrale. Nelle reti decentralizzate, i partecipanti hanno pari diritti e responsabilità e collaborano direttamente tra loro senza fare affidamento su intermediari. Esempi di reti decentralizzate includono le reti blockchain, i sistemi di condivisione di file e alcune reti di distribuzione dei contenuti.

I partecipanti possono esercitare maggiore indipendenza e controllo sui propri dati e risorse grazie alle reti decentralizzate. I dati della rete sono mantenuti da ciascun partecipante, che contribuisce anche alla loro archiviazione e distribuzione. Questa autonomia promuove la collaborazione, poiché gli individui possono comunicare liberamente e condividere informazioni senza dipendere da un'autorità centrale. Questo paradigma di cooperazione peer-to-peer promuove inclusività, apertura e fiducia tra i partecipanti.

Rispetto ai sistemi centralizzati, le reti decentralizzate offrono vantaggi in termini di scalabilità. La capacità della rete può crescere man mano che più persone si uniscono e contribuiscono con risorse. Le reti decentralizzate possono sfruttare la potenza computazionale combinata e la capacità di archiviazione di tutti gli utenti, consentendo una distribuzione e una elaborazione efficienti dei dati. Grazie alla loro scalabilità, le reti decentralizzate possono gestire un elevato numero di transazioni, trasferimenti di dati e calcoli.

La resilienza ai guasti e agli attacchi è uno dei principali vantaggi delle reti decentralizzate. In un'architettura decentralizzata, non esiste un singolo punto di guasto che può compromettere l'intera rete. Anche se alcuni nodi falliscono o vengono compromessi, la rete può continuare a operare poiché altri nodi mantengono copie dei dati. Questa tolleranza ai guasti rende le reti decentralizzate robuste contro interruzioni e tentativi di censura, garantendo la disponibilità e l'integrità dei dati.

L'architettura peer-to-peer è una forma specifica di architettura di rete decentralizzata in cui i nodi o peer nella rete comunicano e collaborano direttamente tra loro, senza fare affidamento su server centralizzati. Ogni nodo in una rete P2P funge sia da client che da server, offrendo risorse e servizi agli altri nodi della rete. Esempi di architettura P2P includono applicazioni di condivisione di file, mercati decentralizzati e alcune piattaforme di messaggistica.

L'architettura P2P facilita la condivisione e la distribuzione delle risorse tra i partecipanti. In una rete di condivisione di file P2P, ad esempio, i partecipanti possono caricare e scaricare file direttamente dai dispositivi degli altri, eliminando la necessità di un server centrale. Questo modello di condivisione delle risorse riduce la dipendenza dall'infrastruttura centralizzata e consente ai partecipanti di utilizzare le risorse collettive della rete.

L'architettura P2P può migliorare la privacy e la sicurezza dei dati. Poiché i dati sono distribuiti tra più nodi, non esiste un'autorità centrale che abbia il controllo completo sui dati. Tecniche di crittografia e protocolli crittografici possono essere impiegati per garantire la riservatezza e l'integrità dei dati trasmessi tra peer. Inoltre, le reti P2P possono sfruttare la trasparenza e l'immutabilità della tecnologia blockchain per fornire una memorizzazione e una verifica dei dati resistenti alla manomissione e auditabili.

Le reti P2P hanno un'architettura di rete dinamica, consentendo ai nodi di unirsi o lasciare la rete in qualsiasi momento senza interferire con la funzionalità generale della rete. Questa proprietà auto-organizzante consente alle reti P2P di adattarsi ai cambiamenti nella rete, come guasti o aggiunte di nodi. Consente inoltre la scalabilità e la resilienza della rete, poiché i partecipanti possono unirsi o lasciare senza richiedere un coordinamento centrale.

L'architettura P2P consente il calcolo collaborativo, in cui i partecipanti possono contribuire collettivamente con le proprie risorse computazionali per svolgere compiti o calcoli complessi. Piattaforme di calcolo distribuito basate su architettura P2P, come SETI@home o Folding@home, sfruttano la potenza collettiva dei dispositivi dei partecipanti per risolvere problemi scientifici o elaborare grandi insiemi di dati. Questo approccio collaborativo al calcolo offre una potenza computazionale significativa e scalabilità senza fare affidamento su infrastrutture centralizzate costose.

Le reti P2P rivoluzionano la condivisione di file e la distribuzione di contenuti consentendo ai partecipanti di scambiarsi direttamente i file. Applicazioni di condivisione di file peer-to-peer, come BitTorrent, utilizzano la natura distribuita dell'architettura P2P per migliorare la velocità di download, ridurre i costi di larghezza di banda e garantire una robusta disponibilità dei contenuti. Le reti di distribuzione dei contenuti (CDN) basate su principi P2P possono distribuire contenuti in modo efficiente attraverso la rete, garantendo un'elevata disponibilità e riducendo il carico sui server.

L'architettura P2P può consentire piattaforme di messaggistica e comunicazione sicure e decentralizzate. Le applicazioni di messaggistica peer-to-peer possono crittografare i messaggi end-to-end, garantendo la privacy e prevenendo la sorveglianza centralizzata. Inoltre, le piattaforme di comunicazione P2P possono sfruttare le risorse della rete distribuita per stabilire canali di comunicazione diretti e sicuri tra i partecipanti, bypassando la necessità di intermediari.

L'architettura P2P ha aperto la strada all'emergere delle applicazioni di finanza decentralizzata (DeFi). Le piattaforme DeFi utilizzano smart contract e tecnologia blockchain per abilitare transazioni e servizi finanziari peer-to-peer, come prestiti, mutui e scambi. Queste piattaforme eliminano la necessità di intermediari, consentendo ai partecipanti di interagire e transare direttamente tra loro, offrendo maggiore inclusione finanziaria e trasparenza.

L'architettura distribuita delle reti P2P rende difficile ottenere scalabilità ed efficienza. Man mano che il numero di partecipanti e i trasferimenti di dati aumentano, la congestione della rete e la latenza possono diventare problemi significativi. Una gestione efficiente delle risorse, protocolli di routing e tecniche di ottimizzazione sono necessari per garantire il funzionamento regolare delle reti P2P su larga scala.

Le reti P2P introducono sfide di sicurezza e fiducia, in particolare nelle reti aperte in cui i partecipanti non si conoscono tra loro. I partecipanti devono fare affidamento su robuste tecniche di crittografia, meccanismi di autenticazione e sistemi di reputazione per garantire l'integrità e l'affidabilità dei dati e delle risorse scambiate tra i peer. Proteggere dai nodi malevoli, dagli attacchi di Sybil e dalla manomissione dei dati richiede misure di sicurezza e protocolli sofisticati.

L'esperienza utente e l'usabilità possono essere compromesse nelle applicazioni P2P rispetto alle controparti centralizzate. La necessità per i partecipanti di mantenere le proprie copie dei dati e di contribuire con risorse può richiedere competenze tecniche e gestione delle risorse da parte degli utenti finali. Progettare interfacce intuitive, meccanismi di condivisione delle risorse senza soluzione di continuità e protocolli di scoperta efficienti è essenziale per migliorare l'esperienza utente e incoraggiare una più ampia adozione.

La tecnologia blockchain, con la sua natura decentralizzata e trasparente, completa l'architettura P2P. Le reti P2P basate su blockchain forniscono un'archiviazione sicura e verificabile dei dati, facilitano le transazioni senza fiducia e consentono la creazione di applicazioni decentralizzate (DApp). L'integrazione della blockchain con l'architettura P2P apre nuove possibilità per applicazioni come la gestione della catena di fornitura, la finanza decentralizzata e la verifica dell'identità.

I progressi nelle tecnologie per la protezione della privacy, come le prove a conoscenza zero (zero-knowledge proofs) e il calcolo sicuro multi-party (secure multi-party computation), possono ulteriormente migliorare la privacy e la riservatezza nelle reti P2P. Queste tecnologie consentono ai partecipanti di eseguire calcoli su dati crittografati o di verificare informazioni senza rivelare dettagli sensibili. L'integrazione di tali tecniche nelle architetture P2P può affrontare le preoccupazioni sulla privacy e consentire una collaborazione sicura nelle reti decentralizzate.

Applicazioni Decentralizzate (DApps)

Le applicazioni decentralizzate (DApp) rappresentano un significativo progresso nel campo delle applicazioni software, sfruttando la blockchain e le tecnologie decentralizzate per rivoluzionare i sistemi centralizzati tradizionali. Le DApp conferiscono potere agli utenti eliminando gli intermediari, promuovendo la trasparenza e migliorando la privacy dei dati. Questa sezione esplora le caratteristiche, i vantaggi, le sfide e l'impatto potenziale delle applicazioni decentralizzate su vari settori, evidenziando il loro ruolo nel rimodellare la fiducia e l'empowerment degli utenti.

Le applicazioni decentralizzate, o DApp, sono applicazioni software che funzionano su una rete decentralizzata o su una piattaforma blockchain. A differenza delle applicazioni centralizzate tradizionali, le DApp sfruttano i principi della decentralizzazione, della comunicazione peer-to-peer e dei protocolli crittografici per garantire fiducia, trasparenza e autonomia. Le DApp consentono interazioni dirette tra gli utenti, eliminando la necessità di intermediari e autorità centrali.

Le DApp introducono un nuovo paradigma di fiducia e trasparenza eliminando la necessità di intermediari. Le transazioni e le operazioni all'interno delle DApp sono registrate su un registro distribuito, garantendo trasparenza e immutabilità. I partecipanti possono verificare indipendentemente l'integrità dell'applicazione e delle sue operazioni, favorendo la fiducia tra gli utenti.

Le DApp forniscono agli utenti un maggiore controllo sui propri dati e asset digitali. Gli utenti hanno la proprietà diretta e il controllo sui loro account, eliminando la dipendenza da entità centralizzate. Questo approccio centrato sull'utente conferisce potere agli individui, consentendo loro di gestire le proprie identità digitali, i beni e le interazioni senza la necessità di intermediari.

Le DApp danno priorità alla privacy dei dati impiegando tecniche di crittografia e archiviazione decentralizzata. I dati degli utenti sono spesso memorizzati in modo distribuito, rendendoli più resilienti agli attacchi e riducendo il rischio di un singolo punto di guasto. Gli utenti hanno un maggiore controllo sulle proprie informazioni personali, scegliendo quali dati condividere e con chi, mitigando così le preoccupazioni sulla privacy.

Le DApp possono ridurre i costi eliminando gli intermediari e automatizzando i processi. Gli smart contract, un componente chiave di molte DApp, abilitano accordi auto-eseguibili, eliminando la necessità di interventi manuali e riducendo i costi associati. Sfruttando la trasparenza e l'efficienza della blockchain, le DApp semplificano i flussi di lavoro, migliorano l'audit e ottimizzano l'allocazione delle risorse.

Le DApp hanno applicazioni significative nei settori della finanza e delle banche. Le piattaforme di finanza decentralizzata (DeFi), costruite come DApp, consentono prestiti, mutui e scambi peer-to-peer senza la necessità di intermediari finanziari tradizionali. Queste piattaforme offrono servizi finanziari trasparenti e programmabili, aumentando l'accessibilità e riducendo i costi per gli utenti a livello globale.

Le DApp possono migliorare la trasparenza e la tracciabilità nella gestione della catena di fornitura. Sfruttando il registro immutabile della blockchain e gli smart contract, le DApp consentono un monitoraggio sicuro e verificabile dei beni lungo tutta la catena di fornitura. Questa trasparenza riduce le frodi, la contraffazione e migliora la provenienza dei prodotti, garantendo approvvigionamenti etici e commercio equo.

Le DApp forniscono soluzioni per la gestione e l'autenticazione sicura delle identità digitali. Attraverso piattaforme di identità decentralizzate, gli individui possono controllare le proprie informazioni personali e condividerle selettivamente con entità di fiducia. Le DApp abilitano identità auto-sovrane, riducendo la dipendenza dai fornitori di identità centralizzati e migliorando la privacy.

Le DApp interrompono i modelli tradizionali di condivisione dei contenuti e proprietà intellettuale. Le piattaforme di contenuti decentralizzati consentono ai creatori di monetizzare direttamente il loro lavoro, bypassando gli intermediari e riducendo la perdita di ricavi. Inoltre, i sistemi basati su blockchain forniscono registri trasparenti e immutabili della proprietà, migliorando la protezione del copyright e l'attribuzione.

Le DApp offrono nuove esperienze nel gaming e nei mondi virtuali. Le piattaforme di gaming basate su blockchain consentono ai giocatori di possedere e scambiare in modo sicuro i beni di gioco. Le DApp abilitano un gameplay provabilmente equo, dove i risultati dei giochi sono trasparenti e a prova di manomissione. Questo approccio sfida il modello tradizionale delle piattaforme di gaming centralizzate, conferendo potere ai giocatori e favorendo un ecosistema vibrante.

La scalabilità rimane una sfida per molte DApp, in particolare quelle costruite su blockchain pubbliche. Man mano che il numero di utenti e transazioni aumenta, le limitazioni di scalabilità possono influenzare la velocità e il costo delle transazioni. Soluzioni di scalabilità di secondo livello, avanzamenti negli algoritmi di consenso e iniziative di interoperabilità sono in fase di esplorazione per affrontare queste sfide.

L'usabilità delle DApp è un fattore critico per la loro adozione. Interfacce utente complesse, commissioni di transazione e la necessità di portafogli di criptovaluta possono rappresentare barriere all'ingresso per gli utenti non tecnici. Miglioramenti nell'esperienza utente, interfacce intuitive e integrazioni senza soluzione di continuità con le piattaforme esistenti sono necessari per guidare l'adozione mainstream delle DApp.

Il contesto normativo e legale che circonda le DApp è in evoluzione e varia tra le giurisdizioni. La conformità alle normative esistenti, come le leggi sulla protezione dei dati e le leggi finanziarie, può rappresentare una sfida per le DApp. La chiarezza normativa e i quadri che bilanciano l'innovazione con la protezione dei consumatori sono essenziali per l'adozione diffusa delle DApp.

L'interoperabilità tra diverse DApp e piattaforme blockchain è cruciale per la loro adozione diffusa. Sono in corso sforzi per sviluppare protocolli e standard di interoperabilità, consentendo alle DApp di interagire senza problemi e sfruttare le funzionalità reciproche. L'interoperabilità promuove la sinergia e la collaborazione nell'ecosistema decentralizzato.

L'integrazione di nuove tecnologie come l'Internet delle cose (IoT) e l'intelligenza artificiale (AI) con le DApp ha molto potenziale. Servizi personalizzati e intelligenti possono essere offerti attraverso DApp alimentate da AI, mentre la raccolta e l'automazione dei dati del mondo reale possono essere rese possibili dall'integrazione dell'IoT. Queste convergenze creano nuove opportunità per applicazioni dirompenti e innovazione.

Democratizzando l'accesso ai servizi finanziari, abilitando relazioni peer-to-peer e conferendo potere alle persone nelle loro vite digitali, le DApp hanno il potenziale di creare una trasformazione sociale ed economica. Colmando il divario digitale, abilitando l'inclusione finanziaria e rimodellando le dinamiche di potere convenzionali in vari settori, le DApp possono aiutare a creare una società più inclusiva ed equa.

CAPITOLO III

Tipi di Blockchain

Blockchain Pubbliche

Le blockchain pubbliche sono emerse come un'innovazione rivoluzionaria, rivoluzionando il modo in cui memorizziamo e scambiamo asset digitali, verifichiamo le transazioni e costruiamo applicazioni decentralizzate. Queste reti aperte e senza permessi offrono trasparenza, sicurezza e decentralizzazione, sfidando i sistemi centralizzati tradizionali. Questa sezione esplora le caratteristiche, i vantaggi, le sfide e l'impatto potenziale delle blockchain pubbliche su vari settori, evidenziando il loro ruolo nel promuovere la fiducia e guidare l'innovazione.

Le blockchain pubbliche sono reti di registri distribuiti che consentono a chiunque di partecipare, verificare le transazioni e mantenere una copia del registro. A differenza delle blockchain private o con permessi, le blockchain pubbliche operano in modo aperto e decentralizzato, dove i meccanismi di consenso garantiscono l'accordo sullo stato della rete. Le blockchain pubbliche costituiscono la base per criptovalute come Bitcoin, Ethereum e altre.

Le blockchain pubbliche offrono una trasparenza senza pari, poiché tutte le transazioni e le operazioni sono registrate sul registro pubblico. I partecipanti possono verificare indipendentemente l'integrità della rete, favorendo la fiducia e la responsabilità. Questa trasparenza rende le blockchain pubbliche adatte per applicazioni che richiedono registri verificabili, come le transazioni finanziarie, la gestione della catena di fornitura e i sistemi di voto.

Le blockchain pubbliche utilizzano protocolli crittografici per garantire la sicurezza e l'immutabilità dei dati. Le transazioni sono crittografate e l'integrità della blockchain è mantenuta attraverso i meccanismi di consenso. Una volta registrate sulla blockchain pubblica, le transazioni non possono essere modificate, fornendo una storia degli eventi resistente alla manomissione e verificabile. Questa caratteristica di sicurezza è particolarmente preziosa in settori in cui l'integrità dei dati e la fiducia sono fondamentali.

Le blockchain pubbliche eliminano la necessità di autorità centralizzate e intermediari. I partecipanti possono transare direttamente tra loro in modo trustless, facendo affidamento sui protocolli crittografici e sui meccanismi di consenso. Questa decentralizzazione promuove l'inclusività, conferisce potere agli individui e riduce il rischio di censura o manipolazione da parte delle autorità centrali. Apre nuove opportunità per l'inclusione finanziaria, le interazioni peer-to-peer e la collaborazione globale.

Le blockchain pubbliche forniscono una piattaforma per l'interoperabilità e la collaborazione tra diverse applicazioni e reti. Gli smart contract, una caratteristica fondamentale delle blockchain pubbliche, consentono accordi programmabili e interazioni tra diverse entità. Questa interoperabilità incoraggia l'innovazione, poiché gli sviluppatori possono costruire su infrastrutture blockchain esistenti, sfruttare standard condivisi e creare ecosistemi di applicazioni interconnesse.

Le blockchain pubbliche hanno guadagnato prominenza con l'avvento delle criptovalute come Bitcoin ed Ethereum. Queste valute decentralizzate consentono transazioni peer-to-peer senza intermediari. Inoltre, le blockchain pubbliche servono come piattaforme per la finanza decentralizzata (DeFi), fornendo applicazioni per prestiti, mutui, trading e yield farming. I protocolli DeFi costruiti su blockchain pubbliche offrono servizi finanziari trasparenti, sicuri e senza permessi accessibili a chiunque abbia una connessione internet.

Le blockchain pubbliche migliorano la trasparenza, la tracciabilità e l'efficienza della catena di fornitura. Registrando gli eventi e le transazioni della catena di fornitura su un registro pubblico, le parti interessate possono verificare l'autenticità e l'origine dei prodotti, garantendo approvvigionamenti etici e commercio equo. Le blockchain pubbliche facilitano gli audit della catena di fornitura, riducono le frodi e semplificano i processi logistici fornendo un registro condiviso e immutabile degli eventi.

Le blockchain pubbliche offrono soluzioni per la gestione sicura e sovrana delle identità. Sfruttando la trasparenza e i protocolli crittografici della blockchain, gli individui possono controllare le proprie identità digitali, condividere selettivamente le informazioni e ridurre la dipendenza dai fornitori di identità centralizzati. Le blockchain pubbliche consentono registri di identità verificabili e a prova di manomissione, conferendo potere agli individui e migliorando la privacy.

Le blockchain pubbliche forniscono una piattaforma per la condivisione decentralizzata dei contenuti e la gestione della proprietà intellettuale. Artisti, scrittori e creatori possono tokenizzare il loro lavoro e stabilire diritti di proprietà sulla blockchain. Questa tokenizzazione consente una monetizzazione trasparente e diretta dei contenuti creativi, riducendo la dipendenza dagli intermediari e garantendo una giusta compensazione per i creatori.

Le blockchain pubbliche facilitano modelli di governance decentralizzata e la creazione di organizzazioni autonome decentralizzate (DAO). Le DAO sono entità governate da smart contract, in cui le decisioni vengono prese attraverso meccanismi di consenso codificati nella blockchain. Le blockchain pubbliche consentono votazioni trasparenti, allocazione delle risorse e governance comunitaria, abilitando il processo decisionale collettivo senza autorità centralizzate.

La scalabilità rimane una sfida per le blockchain pubbliche, specialmente con l'aumento dell'adozione degli utenti e del volume delle transazioni. Raggiungere un'elevata capacità di elaborazione e bassa latenza mantenendo la decentralizzazione è un compito complesso. Varie soluzioni, tra cui tecniche di scalabilità di secondo livello, sharding e computazioni off-chain, vengono esplorate per affrontare le limitazioni di scalabilità e migliorare le prestazioni delle blockchain pubbliche.

Sebbene le blockchain pubbliche offrano trasparenza, la natura pseudonima delle transazioni può sollevare preoccupazioni sulla privacy. Sono in corso sforzi per sviluppare tecnologie e tecniche di miglioramento della privacy, come le prove a conoscenza zero e il calcolo sicuro multiparty, per consentire transazioni private su blockchain pubbliche. Trovare un equilibrio tra trasparenza e privacy è una considerazione chiave per l'adozione diffusa delle blockchain pubbliche.

Le blockchain pubbliche operano in un contesto normativo ancora in evoluzione. La conformità alle normative esistenti, come i requisiti antiriciclaggio (AML) e know-your-customer (KYC), pone sfide per le applicazioni basate su blockchain. Sono necessari sforzi collaborativi tra i partecipanti all'industria blockchain, i regolatori e i responsabili politici per stabilire quadri chiari che promuovano l'innovazione garantendo al contempo la conformità ai requisiti legali.

La ricerca e lo sviluppo in corso si concentrano sulle soluzioni di scalabilità per le blockchain pubbliche, migliorando la capacità di elaborazione delle transazioni e riducendo le commissioni. Le tecniche di scalabilità di secondo livello, i protocolli di interoperabilità e i progressi nei meccanismi di consenso mirano ad affrontare le sfide di scalabilità e consentire interazioni senza soluzione di continuità tra diverse blockchain.

Per consentire nuove applicazioni e casi d'uso, le blockchain pubbliche hanno la capacità di interagire con tecnologie innovative come l'intelligenza artificiale (AI) e l'Internet delle cose (IoT). Gli algoritmi di AI possono sfruttare i dati trasparenti e verificabili della blockchain per fornire approfondimenti e servizi personalizzati. I dispositivi IoT possono interagire in modo sicuro con le blockchain pubbliche, facilitando lo scambio sicuro di dati e l'automazione.

Le blockchain pubbliche hanno il potere di rimodellare i settori, ridefinire la fiducia e conferire potere agli individui a livello globale. Democratizzando l'accesso ai servizi finanziari, migliorando la privacy dei dati e promuovendo la governance decentralizzata, le blockchain pubbliche possono promuovere l'inclusione finanziaria, ridurre le disuguaglianze e guidare la trasformazione sociale ed economica. Queste tecnologie hanno il potenziale di rimodellare le dinamiche di potere, abilitare le interazioni peer-to-peer e promuovere nuovi modelli economici.

Blockchain Private

Le blockchain private sono diventate uno strumento potente per le aziende che cercano di sfruttare i vantaggi della tecnologia blockchain all'interno di reti chiuse. Queste reti autorizzate e controllate offrono sicurezza migliorata, efficienza e collaborazione e sono progettate specificamente per soddisfare le esigenze delle aziende. Questa sezione esamina le caratteristiche, i vantaggi, le difficoltà e gli effetti potenziali delle blockchain private, sottolineando il loro contributo alla trasformazione e all'innovazione del settore all'interno di ambienti chiusi.

Le blockchain private, note anche come blockchain con permessi, sono reti blockchain che limitano l'accesso e la partecipazione a un gruppo selezionato di entità fidate. A differenza delle blockchain pubbliche, che sono aperte e senza permessi, le blockchain private operano all'interno di un ecosistema chiuso, dove i partecipanti sono noti e hanno ruoli e permessi definiti. Queste blockchain danno priorità alla privacy, al controllo e alla governance.

Le blockchain private offrono una sicurezza e una privacy dei dati superiori rispetto ai sistemi centralizzati tradizionali. Le blockchain private riducono il rischio di accesso non autorizzato, violazioni dei dati e attività criminali consentendo solo la partecipazione di organizzazioni fidate. Tecniche di crittografia e controlli di accesso possono essere implementati per proteggere le informazioni sensibili, garantendo la privacy dei dati all'interno della rete chiusa.

Le blockchain private danno priorità all'efficienza e alla scalabilità, consentendo un'elaborazione delle transazioni più rapida e un throughput maggiore. Avendo un numero limitato di partecipanti, le blockchain private possono ottimizzare le risorse di rete, raggiungere il consenso in modo più efficiente e ridurre il sovraccarico computazionale richiesto per la validazione. Questa efficienza rende le blockchain private adatte per applicazioni che richiedono una conferma rapida delle transazioni e alte prestazioni.

Le blockchain private forniscono alle organizzazioni la flessibilità di definire i propri modelli di governance e quadri di conformità. I partecipanti possono determinare collettivamente le regole, i protocolli e i processi decisionali che governano la rete blockchain privata. Questo approccio di governance su misura consente alle organizzazioni di soddisfare i requisiti normativi, applicare politiche aziendali e garantire la conformità all'interno della rete chiusa.

Le blockchain private facilitano la collaborazione tra entità fidate all'interno di un ecosistema chiuso. Condividendo un registro comune e immutabile, i partecipanti possono scambiarsi dati in modo sicuro, semplificare i flussi di lavoro e ottimizzare i processi della catena di fornitura. Possono essere stabiliti protocolli di interoperabilità per facilitare lo scambio di dati e le interazioni con altre blockchain private o pubbliche, consentendo un'integrazione senza soluzione di continuità con i sistemi esterni.

Le blockchain private offrono vantaggi significativi nella gestione della catena di fornitura migliorando la trasparenza, la tracciabilità e l'efficienza. Le parti interessate fidate all'interno della rete della catena di fornitura possono condividere dati in modo sicuro, verificare le transazioni e tracciare il movimento delle merci. Le blockchain private consentono la visibilità in tempo reale dell'inventario, riducono le frodi, semplificano la logistica e migliorano la fiducia tra i partner della catena di fornitura.

Le blockchain private trovano applicazioni nel settore dei servizi finanziari, in particolare in aree che richiedono conformità, privacy ed elaborazione ad alte prestazioni delle transazioni. Le blockchain private facilitano transazioni interbancarie efficienti e sicure, regolamenti commerciali e rimesse transfrontaliere. Queste reti consentono alle istituzioni finanziarie di semplificare i processi, ridurre i costi e migliorare la fiducia tra i partecipanti.

Le blockchain private possono rivoluzionare i sistemi sanitari migliorando la gestione dei dati dei pazienti, l'interoperabilità e la privacy. I fornitori di servizi sanitari fidati possono condividere in modo sicuro le cartelle cliniche dei pazienti, garantendo l'integrità e la privacy dei dati. Le blockchain private consentono l'accesso efficiente alle cartelle cliniche, facilitano la gestione sicura del consenso e semplificano i processi di fatturazione e assicurazione, mantenendo la conformità alle normative sanitarie.

Le blockchain private forniscono una piattaforma sicura e trasparente per la gestione dei diritti di proprietà intellettuale e la distribuzione delle royalties. I creatori di contenuti, come musicisti, artisti e autori, possono registrare il loro lavoro su una blockchain privata, stabilendo diritti di proprietà e automatizzando la distribuzione delle royalties. Questo riduce il carico amministrativo, minimizza le controversie e garantisce una giusta compensazione per i creatori.

Le blockchain private, per loro natura, implicano un certo grado di centralizzazione rispetto alle blockchain pubbliche. Sebbene ciò consenta un maggiore controllo e governance, solleva anche preoccupazioni sulla fiducia e sulla dipendenza da un numero limitato di partecipanti.

Occorre considerare attentamente come bilanciare la centralizzazione e i benefici offerti dalle blockchain private.

Le blockchain private possono affrontare sfide di interoperabilità con altre reti blockchain o sistemi legacy. Sono in corso sforzi per sviluppare standard e protocolli per consentire l'integrazione e lo scambio di dati senza soluzione di continuità tra blockchain private e pubbliche. I quadri di interoperabilità sono cruciali per raggiungere il pieno potenziale della tecnologia blockchain attraverso diverse reti ed ecosistemi.

Le blockchain private che operano in settori regolamentati devono affrontare requisiti di conformità e quadri legali. Le organizzazioni devono garantire che le loro blockchain private rispettino le leggi pertinenti, le normative e gli standard di protezione dei dati. Sforzi collaborativi tra i partecipanti all'industria blockchain, i regolatori e i responsabili politici sono necessari per stabilire quadri chiari che bilancino l'innovazione con la conformità.

Gli approcci ibridi alla blockchain, che combinano elementi privati e pubblici, stanno guadagnando trazione. Le organizzazioni possono sfruttare i vantaggi sia delle blockchain private che pubbliche mantenendo dati sensibili su catene private mentre utilizzano catene pubbliche per l'interoperabilità, la trasparenza o il consenso decentralizzato. Questi approcci ibridi consentono una maggiore flessibilità, sicurezza e collaborazione.

Le blockchain private hanno il potenziale di lavorare insieme a tecnologie innovative come il cloud computing, l'intelligenza artificiale e l'Internet delle cose. Gli algoritmi di intelligenza artificiale possono sfruttare i dati delle blockchain private per l'analisi, il riconoscimento dei modelli e il processo decisionale. I dispositivi IoT possono interagire in modo sicuro con le blockchain private, consentendo lo scambio automatizzato e sicuro dei dati all'interno di reti chiuse.

Le blockchain private hanno stimolato la formazione di consorzi industriali ed ecosistemi collaborativi. Le organizzazioni all'interno di un settore o dominio specifico possono unirsi per stabilire reti blockchain private che affrontano sfide comuni, condividono risorse e promuovono l'innovazione. Questi consorzi favoriscono la collaborazione, la standardizzazione e la condivisione delle conoscenze tra i colleghi del settore.

Blockchain Consortili

Le blockchain consortili sono emerse come una soluzione convincente per le organizzazioni che cercano di sfruttare i vantaggi della tecnologia blockchain mantenendo un certo grado di controllo e privacy. Queste reti collaborative, formate da un gruppo di entità fidate, offrono un equilibrio tra l'apertura delle blockchain pubbliche e il rigoroso controllo delle blockchain private. Questa sezione esplora le caratteristiche, i vantaggi, le sfide e l'impatto potenziale delle blockchain consortili, evidenziando il loro ruolo nel promuovere la collaborazione, migliorare la fiducia e favorire l'innovazione.

Le blockchain consortili, note anche come blockchain federate, sono reti blockchain formate da un consorzio o un gruppo di organizzazioni. A differenza delle blockchain pubbliche, che sono aperte a chiunque, e delle blockchain private, che sono controllate da un'unica entità, le blockchain consortili forniscono un quadro collaborativo in cui più entità fidate partecipano congiuntamente ai processi di governance e decision-making della rete.

Le blockchain consortili facilitano la collaborazione tra entità fidate, consentendo loro di lavorare insieme su obiettivi e iniziative condivisi. Unendo le forze, i membri del consorzio possono mettere in comune risorse, condividere competenze e guidare collettivamente l'innovazione all'interno della rete blockchain. Le blockchain consortili promuovono la fiducia tra i partecipanti, consentendo loro di collaborare su progetti che richiedono un alto livello di trasparenza e responsabilità condivisa.

Le blockchain consortili offrono una maggiore efficienza e riduzione dei costi rispetto ai sistemi centralizzati tradizionali. Eliminando la necessità di intermediari e migliorando l'automazione attraverso smart contract, le blockchain consortili semplificano i processi, riducono i costi operativi e migliorano l'efficienza complessiva. I membri del consorzio possono beneficiare di infrastrutture e risorse condivise, con conseguente risparmio di costi per tutti i partecipanti.

Le blockchain consortili forniscono un quadro per la governance condivisa, consentendo ai membri del consorzio di prendere decisioni collettive riguardo le regole, i protocolli e la direzione della rete blockchain. Questo modello di governance collaborativa garantisce che la blockchain consortile sia allineata con le esigenze e i requisiti specifici dei suoi membri. I meccanismi di consenso possono essere personalizzati per ottimizzare le prestazioni, l'efficienza e la sicurezza in base alle preferenze di consenso del consorzio.

Le blockchain consortili danno priorità alla privacy e alla sicurezza dei dati. Limitando la partecipazione alle entità fidate, le blockchain consortili proteggono le informazioni sensibili dall'accesso non autorizzato. I membri del consorzio hanno un maggiore controllo sui loro dati, determinando il livello di trasparenza e visibilità agli altri membri. Questa privacy e sicurezza migliorate rendono le blockchain consortili particolarmente adatte per settori in cui la riservatezza dei dati è cruciale, come la sanità o i servizi finanziari.

Le blockchain consortili hanno applicazioni significative nella gestione della catena di fornitura. Fornendo un registro condiviso e immutabile, i membri del consorzio possono tracciare e rintracciare i prodotti, verificare l'autenticità delle merci e semplificare i processi della catena di fornitura. Le blockchain consortili migliorano la trasparenza, riducono le frodi e consentono una collaborazione efficiente tra i partner della catena di fornitura, portando a una maggiore efficienza e fiducia nell'ecosistema.

Le blockchain consortili facilitano transazioni interorganizzative sicure e trasparenti. I membri del consorzio possono sfruttare la rete blockchain per scambi efficienti e verificabili di asset, contratti o valute digitali. Questo semplifica le transazioni, riduce i rischi di controparte ed elimina la necessità di intermediari. Le blockchain consortili promuovono interazioni efficienti e fidate tra i membri, favorendo un ecosistema collaborativo.

Le blockchain consortili offrono una piattaforma robusta per la gestione e la protezione della proprietà intellettuale. I membri del consorzio possono registrare e verificare in modo sicuro gli asset di proprietà intellettuale sulla blockchain, garantendo registri di proprietà trasparenti e riducendo le controversie. Gli smart contract possono automatizzare la distribuzione delle royalties e gli accordi di licenza, semplificando i processi amministrativi e consentendo una giusta compensazione per i creatori.

Le blockchain consortili aiutano a risolvere le sfide di conformità normativa fornendo un registro trasparente e verificabile delle transazioni. Applicando regole e protocolli predefiniti all'interno della rete blockchain, i membri del consorzio possono garantire la conformità alle normative e agli standard specifici del settore. L'immutabilità dei dati blockchain semplifica gli audit, riduce i costi di conformità e migliora la responsabilità all'interno dell'ecosistema consortile.

Formare e mantenere un consorzio richiede fiducia, collaborazione e una visione condivisa tra le entità partecipanti. I membri del consorzio devono concordare le strutture di governance, i processi decisionali e l'allocazione delle risorse. Una comunicazione chiara, la costruzione del consenso e il coordinamento continuo sono essenziali per il successo di una blockchain consortile.

L'interoperabilità tra blockchain consortili e altre reti blockchain o sistemi legacy può essere una sfida. Sviluppare protocolli e standard di interoperabilità consente l'integrazione e lo scambio di dati senza soluzione di continuità tra diverse reti blockchain. Gli sforzi collaborativi all'interno del settore sono necessari per stabilire quadri comuni che promuovano l'interoperabilità e facilitino il flusso di informazioni senza interruzioni.

Sebbene le blockchain consortili offrano una maggiore sicurezza rispetto ai sistemi centralizzati, esistono ancora rischi per la sicurezza. I membri del consorzio devono implementare misure di sicurezza robuste, inclusi controlli di accesso, tecniche di crittografia e monitoraggio della rete. Inoltre, definire meccanismi di responsabilità e risoluzione delle controversie all'interno del quadro della blockchain consortile è cruciale per garantire la responsabilità e affrontare potenziali violazioni della sicurezza o conflitti.

Le blockchain consortili hanno il potenziale per promuovere la collaborazione intersettoriale e le reti consortili. Più blockchain consortili di diversi settori possono interoperare e condividere risorse, facilitando la collaborazione e l'innovazione. I consorzi intersettoriali aprono le porte a nuovi modelli di business, infrastrutture condivise e iniziative congiunte che affrontano sfide comuni e guidano soluzioni trasformative.

Gli approcci ibridi che combinano blockchain consortili con blockchain pubbliche o private stanno guadagnando trazione. Le organizzazioni possono sfruttare i vantaggi delle blockchain private e consortili, utilizzando reti private per dati sensibili e reti consortili per progetti collaborativi. L'integrazione con le blockchain pubbliche consente l'interoperabilità, le transazioni trasparenti tra reti o l'accesso a ecosistemi più ampi.

Le blockchain consortili probabilmente assisteranno all'evoluzione dei modelli di governance man mano che la tecnologia matura. I membri del consorzio possono esplorare nuovi metodi di decision-making, risoluzione delle controversie e meccanismi di consenso. La sperimentazione con modelli di governance decentralizzata, votazione tokenizzata o sistemi basati sulla reputazione potrebbe migliorare la governance delle blockchain consortili, rafforzando ulteriormente la collaborazione e la fiducia.

Blockchain Ibride

Per soddisfare le diverse esigenze delle aziende, le blockchain ibride sono emerse come una soluzione flessibile che combina i vantaggi delle blockchain pubbliche e private. Queste reti blockchain combinano l'accesso regolamentato e la privacy delle blockchain private con la trasparenza e l'apertura delle blockchain pubbliche. Questa sezione esamina le caratteristiche, i vantaggi, le difficoltà e gli effetti potenziali delle blockchain ibride, enfatizzando come possano colmare il divario tra i vari modelli di blockchain e promuovere l'innovazione in una vasta gamma di settori.

Le blockchain ibride, note anche come soluzioni federate o cross-chain, sono reti blockchain che integrano componenti sia delle blockchain pubbliche che private. Consentono lo scambio senza soluzione di continuità di dati e asset abilitando l'interoperabilità tra diverse reti blockchain. Le blockchain ibride sfruttano i vantaggi di ciascun tipo per produrre una soluzione unificata e adattabile che soddisfi esigenze specifiche.

Le blockchain ibride consentono alle organizzazioni di mantenere la privacy e il controllo sui dati sensibili. I componenti privati della rete ibrida consentono l'archiviazione sicura e la gestione delle informazioni riservate, mentre i componenti pubblici abilitano interazioni trasparenti e verificabili con le parti esterne. Questa flessibilità trova un equilibrio tra privacy e trasparenza, garantendo la conformità ai requisiti normativi e facilitando la collaborazione.

Le blockchain ibride facilitano l'interoperabilità, consentendo una collaborazione senza soluzione di continuità tra diverse reti blockchain ed ecosistemi. Integrando componenti pubblici e privati, le organizzazioni possono scambiarsi dati, asset e smart contract attraverso reti disparate, promuovendo la collaborazione intersettoriale e guidando l'innovazione. Le blockchain ibride favoriscono un ecosistema blockchain interconnesso, incoraggiando la condivisione delle risorse ed espandendo le opportunità per nuovi casi d'uso.

Le blockchain ibride affrontano i limiti di scalabilità e prestazioni sfruttando diversi meccanismi di consenso e architetture di rete. I componenti privati della rete possono gestire transazioni sensibili e di alto valore in modo efficiente, beneficiando di algoritmi di consenso più veloci e di una ridotta congestione della rete. I componenti pubblici, invece, forniscono la scalabilità e la natura distribuita delle blockchain pubbliche, accomodando un volume maggiore di transazioni.

Le blockchain ibride offrono alle organizzazioni la flessibilità di personalizzare soluzioni blockchain in base ai loro requisiti specifici. Integrando componenti pubblici e privati, le organizzazioni possono scegliere il livello appropriato di trasparenza, controlli di accesso e meccanismi di consenso. Questa personalizzazione consente la creazione di reti blockchain che si allineano strettamente con le esigenze uniche e i casi d'uso di diversi settori, tra cui finanza, gestione della catena di fornitura e sanità.

Le blockchain ibride migliorano la tracciabilità e la trasparenza della catena di fornitura abilitando l'interoperabilità tra le parti interessate. Diversi partecipanti nella catena di fornitura possono condividere in modo sicuro dati rilevanti, garantendo trasparenza e responsabilità. Le blockchain ibride facilitano il tracciamento dei prodotti, la verifica dell'autenticità e il monitoraggio in tempo reale degli eventi della catena di fornitura, migliorando l'efficienza e la fiducia tra i partner della catena di fornitura.

Le blockchain ibride offrono soluzioni efficienti e sicure per i pagamenti transfrontalieri e le rimesse. Integrando componenti pubblici e privati, le organizzazioni possono sfruttare la trasparenza e l'immutabilità delle blockchain pubbliche mantenendo la privacy e la conformità necessarie per le transazioni finanziarie. Le blockchain ibride semplificano i regolamenti transfrontalieri, riducono gli intermediari e migliorano la velocità e l'efficacia dei costi delle transazioni.

Le blockchain ibride abilitano la collaborazione multiparte integrando smart contract attraverso diverse reti blockchain. Le organizzazioni possono interagire in modo sicuro, automatizzare gli accordi e semplificare i processi aziendali. Le blockchain ibride facilitano l'esecuzione di transazioni complesse che coinvolgono più parti interessate, come il finanziamento della catena di fornitura, l'assicurazione e le iniziative basate su consorzi.

Le blockchain ibride promuovono la condivisione dei dati e l'interoperabilità tra sistemi disparati. Integrando componenti pubblici e privati, le organizzazioni possono scambiarsi dati in modo sicuro, garantendo integrità, privacy e conformità. Le blockchain ibride consentono un'integrazione senza soluzione di continuità dei dati tra sistemi legacy, blockchain pubbliche e reti private, facilitando l'interoperabilità dei dati e promuovendo la collaborazione tra settori.

Le blockchain ibride richiedono una considerazione attenta dei modelli di governance e dei meccanismi di consenso. Diverse reti blockchain possono avere strutture di governance e algoritmi di consenso variabili, che devono essere armonizzati per una collaborazione efficace. Stabilire chiari quadri di governance e protocolli di consenso è cruciale per garantire trasparenza, equità e interoperabilità all'interno dell'ecosistema delle blockchain ibride.

Le blockchain ibride introducono nuove considerazioni di sicurezza e privacy. L'integrazione di componenti pubblici e privati richiede misure di sicurezza rigorose per proteggere i dati sensibili e prevenire l'accesso non autorizzato. Tecniche di miglioramento della privacy, come le prove a conoscenza zero o la crittografia, devono essere impiegate per garantire la privacy e la riservatezza dei dati tra diverse reti blockchain.

Le blockchain ibride presentano complessità in termini di architettura di rete, integrazione e manutenzione. Garantire uno scambio senza soluzione di continuità di dati e asset tra diverse reti blockchain richiede protocolli e standard ben definiti. Le sfide di integrazione possono derivare da differenze nelle strutture dei dati, nei linguaggi degli smart contract o nei meccanismi di consenso. Le organizzazioni devono investire in infrastrutture robuste, soluzioni di interoperabilità e quadri standardizzati per superare queste sfide.

Gli sforzi di standardizzazione sono fondamentali per l'adozione diffusa e l'interoperabilità delle blockchain ibride. Sviluppare protocolli cross-chain, linguaggi di smart contract standardizzati e quadri di interoperabilità migliorerà la compatibilità e faciliterà lo scambio di dati senza soluzione di continuità tra diverse reti blockchain. Queste iniziative favoriranno un ecosistema blockchain più connesso e interoperabile.

Le blockchain ibride possono essere integrate con tecnologie avanzate come l'IoT, l'intelligenza artificiale o i sistemi per soluzioni di identità decentralizzata. L'integrazione con algoritmi di intelligenza artificiale può abilitare il processo decisionale intelligente e l'analisi dei dati tra diverse reti blockchain. I dispositivi IoT possono interagire in modo sicuro con le blockchain ibride, facilitando la raccolta dei dati in tempo reale e l'automazione in sistemi interconnessi.

Le blockchain ibride sono destinate a guidare l'innovazione e l'adozione in vari settori. Man mano che le organizzazioni riconoscono i vantaggi di combinare elementi pubblici e privati, è probabile che emergano soluzioni specifiche per settore e consorzi. Le blockchain ibride basate su consorzi possono creare standard industriali, condividere risorse e collaborare su casi d'uso che richiedono uno scambio sicuro dei dati, l'interoperabilità e la governance condivisa.

CAPITOLO IV

Componenti della Blockchain

Nodi della Blockchain

La tecnologia blockchain si basa sui principi di decentralizzazione, trasparenza e immutabilità. Al cuore di ogni rete blockchain ci sono i nodi, componenti essenziali che svolgono un ruolo fondamentale nell'assicurare l'integrità, la sicurezza e il consenso del registro distribuito. Questa sezione esplora le caratteristiche, le funzioni, i tipi e l'importanza dei nodi blockchain, evidenziando il loro ruolo come elementi costitutivi della fiducia e del consenso decentralizzati nelle reti blockchain.

I nodi blockchain possono essere definiti come singoli computer o dispositivi che partecipano a una rete blockchain. Ogni nodo mantiene una copia del registro distribuito della blockchain, convalidando e memorizzando le transazioni e contribuendo attivamente al meccanismo di consenso. I nodi formano la spina dorsale di una rete decentralizzata, consentendo la verifica e la convalida delle transazioni senza affidarsi a un'autorità centrale.

I nodi svolgono un ruolo critico nella convalida delle transazioni all'interno di una rete blockchain. Ogni transazione è valutata da più nodi utilizzando meccanismi di consenso, garantendo la sua conformità alle regole e ai protocolli predefiniti della blockchain. La convalida da parte di più nodi migliora la sicurezza e previene l'aggiunta di transazioni fraudolente o non valide alla blockchain.

I meccanismi di consenso consentono ai nodi di concordare collettivamente lo stato della blockchain e convalidare le transazioni. I nodi partecipano a protocolli di consenso, come il Proof-of-Work (PoW), il Proof-of-Stake (PoS) o il Practical Byzantine Fault Tolerance (PBFT), per raggiungere l'accordo e mantenere l'integrità della blockchain. La formazione del consenso garantisce che il registro distribuito rimanga coerente su tutti i nodi partecipanti.

I nodi memorizzano una copia del registro distribuito della blockchain, mantenendo un record aggiornato di tutte le transazioni. Questa memorizzazione distribuita assicura la ridondanza e la tolleranza ai guasti, poiché i dati della blockchain sono replicati su più nodi. Memorizzando localmente la blockchain, i nodi contribuiscono alla sicurezza, disponibilità e immutabilità della rete.

I nodi comunicano tra loro per propagare transazioni, blocchi e aggiornamenti attraverso la rete blockchain. Attraverso la connettività di rete, i nodi diffondono nuove transazioni, convalidano e propagano i blocchi e sincronizzano le loro copie della blockchain. Una propagazione efficiente della rete assicura la tempestiva diffusione delle informazioni e contribuisce alle prestazioni complessive della rete.

I nodi completi mantengono una copia completa del registro distribuito della blockchain. Convalidano in modo indipendente tutte le transazioni e partecipano al meccanismo di consenso. I nodi completi forniscono il massimo livello di sicurezza, trasparenza e decentralizzazione, poiché hanno il pieno controllo sulla loro copia della blockchain. Tuttavia, gestire un nodo completo richiede risorse significative in termini di archiviazione, calcolo e larghezza di banda di rete.

I nodi leggeri o potati mantengono una copia parziale del registro distribuito della blockchain. Memorizzano un sottoinsieme dei dati della blockchain, tipicamente includendo solo le transazioni più recenti o un intervallo specifico di blocchi. I nodi potati riducono i requisiti di archiviazione e sono adatti per dispositivi o ambienti con risorse limitate. Tuttavia, si affidano ai nodi completi o ad altre fonti fidate per la verifica delle transazioni oltre il loro sottoinsieme locale.

I nodi di mining, noti anche come miner, svolgono il compito intensivo di risolvere complessi enigmi matematici per aggiungere nuovi blocchi alla blockchain. Questi nodi convalidano le transazioni, le raggruppano in blocchi e competono con altri miner per trovare la soluzione e guadagnare le ricompense dei blocchi. I nodi di mining svolgono un ruolo cruciale nel mantenere la sicurezza e il consenso delle reti blockchain che utilizzano meccanismi di consenso Proof-of-Work (PoW).

I masternode sono nodi specializzati che forniscono funzionalità e servizi aggiuntivi all'interno di determinate reti blockchain. Spesso richiedono una quota significativa o un collaterale per operare, a seconda del meccanismo di consenso. I masternode abilitano funzionalità avanzate come transazioni istantanee, governance decentralizzata o sicurezza migliorata della rete. Contribuiscono alla stabilità, scalabilità e sostenibilità dell'ecosistema blockchain.

I nodi blockchain sono fondamentali per raggiungere la decentralizzazione e stabilire la fiducia all'interno di una rete blockchain. Distribuendo il registro della blockchain su più nodi, la rete diventa resistente ai punti di guasto singoli e agli attacchi. I nodi convalidano le transazioni in modo indipendente, garantendo il consenso attraverso la verifica collettiva. Questo approccio decentralizzato favorisce la fiducia in assenza di un'autorità centrale.

La natura distribuita dei nodi blockchain contribuisce alla sicurezza e all'immutabilità della blockchain. Le transazioni devono essere verificate da più nodi per essere considerate valide e aggiunte alla blockchain. Il processo di formazione del consenso e i meccanismi crittografici impiegati dai nodi garantiscono l'integrità e l'immutabilità del registro distribuito. Questo robusto modello di sicurezza protegge la blockchain da attività dannose e manomissioni.

La presenza di più nodi in una rete blockchain migliora la resilienza e la ridondanza della rete. Anche se un sottoinsieme di nodi si disconnette o viene compromesso, la rete blockchain può continuare a funzionare fintanto che un numero sufficiente di nodi rimane operativo. La disponibilità e la durabilità della rete sono garantite dalla ridondanza dei dati della blockchain tra i nodi, riducendo la possibilità di perdita o corruzione dei dati.

I nodi blockchain contribuiscono alla democratizzazione della governance blockchain. Nelle reti con modelli di governance decentralizzata, come le DAO (Decentralized Autonomous Organizations) basate su blockchain, i nodi partecipano ai processi di voto e decision-making. Questa struttura di governance inclusiva consente agli stakeholder di plasmare collettivamente la direzione futura e le politiche della rete blockchain.

La quantità di nodi e la loro potenza computazionale hanno un impatto sulle prestazioni e sulla scalabilità delle reti blockchain. Con l'aumentare del numero di nodi, possono sorgere congestioni e latenza di rete, influenzando il throughput delle transazioni. Bilanciare il numero di nodi con i requisiti di scalabilità della rete blockchain è una sfida che richiede ottimizzazione e meccanismi di consenso efficienti.

Gestire un nodo blockchain, in particolare un nodo completo o un nodo di mining, richiede risorse computazionali significative, capacità di archiviazione e larghezza di banda di rete. Questi requisiti di risorse possono rappresentare delle sfide, in particolare per i partecipanti individuali o i dispositivi con risorse limitate. Ottimizzazioni, come tecniche di potatura o calcoli off-chain, possono essere necessarie per ridurre i carichi di risorse e garantire una partecipazione ampia.

I nodi blockchain si affidano alla connettività di rete e alla sincronizzazione per mantenere una copia aggiornata della blockchain. Interruzioni di rete, latenza o incoerenze nella propagazione delle informazioni possono portare a problemi di sincronizzazione o fork nella blockchain. Garantire una connettività di rete robusta e meccanismi di propagazione dei dati efficienti è cruciale per mantenere l'integrità e la coerenza della blockchain tra i nodi.

Sviluppi futuri potrebbero esplorare nuovi meccanismi di incentivazione per incoraggiare una maggiore partecipazione dei nodi nelle reti blockchain. Gli incentivi potrebbero essere progettati per ricompensare gli operatori di nodi per le loro risorse computazionali, la capacità di archiviazione o il contributo al processo di consenso. Tali meccanismi promuoverebbero la decentralizzazione della rete e garantirebbero il funzionamento continuo di una rete robusta e resiliente.

Sono in corso sforzi di ricerca e sviluppo per affrontare le sfide di scalabilità associate all'aumento del numero di nodi e del volume delle transazioni nelle reti blockchain. Soluzioni come lo sharding, i calcoli off-chain o i protocolli di secondo livello mirano a migliorare la scalabilità delle reti blockchain, garantendo un'elaborazione efficiente delle transazioni e prestazioni migliorate mantenendo la decentralizzazione.

I sistemi di identità e reputazione per i nodi blockchain potrebbero evolversi per migliorare la fiducia e la responsabilità. Identità verificabili dei nodi e punteggi di reputazione possono aiutare gli stakeholder a valutare l'affidabilità e l'integrità dei nodi partecipanti. Questi sistemi contribuirebbero alla sicurezza e alla resilienza complessive della rete blockchain, mitigando potenziali attacchi e favorendo un ecosistema più affidabile.

I nodi blockchain servono come spina dorsale della fiducia e del consenso decentralizzati nelle reti blockchain. Le loro funzioni di partecipazione, verifica, archiviazione e comunicazione contribuiscono alla sicurezza, trasparenza e resilienza del registro distribuito. I nodi blockchain abilitano il decision-making decentralizzato, convalidano le transazioni e promuovono la fiducia in assenza di autorità centralizzate. Superare le sfide di scalabilità, incentivare la partecipazione dei nodi e ottimizzare i requisiti di risorse sono aree chiave per lo sviluppo futuro, garantendo la continua crescita e l'impatto della tecnologia blockchain.

Transazioni e Blocchi

Le transazioni e i blocchi sono componenti fondamentali della tecnologia blockchain, formando la spina dorsale di sistemi decentralizzati, sicuri e trasparenti. Le transazioni rappresentano lo scambio di asset digitali o informazioni, mentre i blocchi fungono da contenitori che raggruppano le transazioni e le collegano in una catena cronologica. Questa sezione esplora le caratteristiche, le funzioni, il processo di validazione e l'importanza delle transazioni e dei blocchi nella tecnologia blockchain, evidenziando il loro ruolo cruciale nell'assicurare l'immutabilità e l'integrità dei registri distribuiti.

Nel contesto della tecnologia blockchain, una transazione si riferisce al trasferimento di asset digitali o informazioni da un partecipante a un altro all'interno della rete. Le transazioni possono coinvolgere vari tipi di dati, inclusi trasferimenti di criptovalute, esecuzioni di smart contract o aggiornamenti di record. Ogni transazione è identificata in modo univoco, marcata temporalmente e registrata sul registro distribuito della blockchain.

La funzione principale delle transazioni nella tecnologia blockchain è il trasferimento di asset digitali. Criptovalute, token o altre rappresentazioni digitali di valore possono essere scambiati in modo sicuro e diretto tra i partecipanti senza la necessità di intermediari. Le transazioni abilitano trasferimenti di valore peer-to-peer, facilitando le transazioni economiche e l'inclusione finanziaria.

Le transazioni nelle reti blockchain consentono anche l'esecuzione di smart contract. I contratti auto-eseguibili, o "smart contract," hanno regole specificate scritte in codice. Le transazioni attivano l'esecuzione di questi contratti, automatizzando i processi e applicando i termini e le condizioni concordati. Le transazioni di smart contract consentono lo sviluppo di applicazioni decentralizzate (DApp) e l'automazione di vari processi aziendali.

Le transazioni possono essere utilizzate per aggiornare o aggiungere dati sul registro distribuito della blockchain. Questa funzionalità è particolarmente utile per applicazioni come la gestione della catena di fornitura, i record sanitari o i registri fondiari. Registrando gli aggiornamenti dei dati come transazioni, la blockchain fornisce una storia trasparente e verificabile dei cambiamenti, garantendo l'integrità e la responsabilità dei dati.

I blocchi sono contenitori che raggruppano le transazioni in una blockchain. Ogni blocco contiene una raccolta di transazioni, insieme a metadati aggiuntivi come un timestamp, un identificatore univoco (hash) e un riferimento al blocco precedente nella catena. I blocchi fungono da elementi costitutivi della blockchain, formando una sequenza cronologica che garantisce l'immutabilità e l'integrità del registro distribuito.

I blocchi svolgono un ruolo cruciale nel raggiungere il consenso all'interno di una rete blockchain. I meccanismi di consenso, come il Proof-of-Work (PoW) o il Proof-of-Stake (PoS), coinvolgono i nodi che competono per risolvere complessi enigmi matematici per creare nuovi blocchi. Il processo di validazione garantisce che solo le transazioni legittime siano incluse nei blocchi, prevenendo la doppia spesa e mantenendo l'integrità del registro distribuito.

I blocchi fungono da contenitori per le transazioni e forniscono un mezzo per verificare la validità delle transazioni. Ogni blocco si collega a quello precedente, formando una catena che collega tutte le transazioni. Includendo le transazioni nei blocchi, la rete blockchain garantisce che solo le transazioni confermate e validate diventino parte del registro permanente.

I blocchi contribuiscono alla sicurezza e all'immutabilità della blockchain. Una volta che un blocco viene aggiunto alla blockchain, alterare o manomettere i suoi contenuti richiederebbe la modifica dei blocchi successivi, rendendo il processo computazionalmente infattibile. Questa immutabilità garantisce che, una volta confermata e aggiunta a un blocco, una transazione diventi un record permanente e a prova di manomissione all'interno della blockchain.

Le transazioni subiscono un processo di validazione prima di essere incluse in un blocco. Il processo di validazione varia a seconda del meccanismo di consenso utilizzato dalla rete blockchain. I nodi all'interno della rete verificano l'autenticità, l'integrità e la conformità delle transazioni secondo regole e protocolli predefiniti. La validazione garantisce che solo le transazioni valide e legittime siano aggiunte alla blockchain, migliorando la fiducia e l'integrità del registro distribuito.

I meccanismi di consenso sono cruciali per determinare quali transazioni vengono incluse nei blocchi e aggiunte alla blockchain. Attraverso il consenso, i partecipanti alla rete concordano collettivamente lo stato della blockchain e garantiscono la validità delle transazioni. I meccanismi di consenso contribuiscono alla sicurezza, alla fiducia e alla decentralizzazione della rete blockchain, prevenendo attività dannose e mantenendo l'integrità del registro distribuito.

Le transazioni e i blocchi formano la base dei registri immutabili nella tecnologia blockchain. Una volta che una transazione è confermata e aggiunta a un blocco, diventa un record permanente che non può essere alterato o cancellato. L'immutabilità del registro distribuito garantisce l'integrità dei dati, prevenendo frodi, manipolazioni o modifiche non autorizzate. I registri immutabili forniscono un record fidato e verificabile delle transazioni, promuovendo trasparenza e responsabilità.

Alberi di Merkle

Gli alberi di Merkle svolgono un ruolo cruciale nell'assicurare l'integrità, la sicurezza e l'efficienza della tecnologia blockchain. Fornendo una rappresentazione compatta di grandi dataset e consentendo una verifica efficiente dell'integrità dei dati, gli alberi di Merkle servono come componente fondamentale dei sistemi blockchain. Questa sezione esplora le caratteristiche, le funzioni, il processo di costruzione e l'importanza degli alberi di Merkle nella tecnologia blockchain, evidenziando il loro ruolo nel migliorare l'integrità dei dati, consentire una verifica efficiente e migliorare le prestazioni complessive.

Un albero di Merkle, comunemente noto come hash tree, è una struttura dati gerarchica che organizza i dati in una struttura ad albero. Consente una verifica e una validazione efficienti di grandi dataset utilizzando funzioni di hash crittografico. Gli alberi di Merkle suddividono i dati in unità più piccole, creando una struttura ad albero in cui ogni nodo non foglia è l'hash dei suoi nodi figli, portando infine a un singolo root hash.

Gli alberi di Merkle assicurano l'integrità e l'autenticità dei dati memorizzati all'interno di una blockchain. Hashando singoli elementi di dati e propagando questi hash verso l'alto, il root hash rappresenta l'integrità dell'intero dataset. Ciò consente ai partecipanti alla rete di verificare efficientemente l'integrità dei dati confrontando gli hash a diversi livelli dell'albero di Merkle, garantendo che i dati non siano stati manomessi.

Gli alberi di Merkle consentono una verifica efficiente di un elemento di dati specifico in un dataset. Invece di confrontare l'intero dataset, i partecipanti possono verificare l'inclusione o la non inclusione di un elemento specifico confrontando un set minimo di hash all'interno dell'albero di Merkle. Questo processo di verifica efficiente è particolarmente utile nei sistemi blockchain con un gran numero di transazioni o voci di dati.

Gli alberi di Merkle sono essenziali per la validazione dei blocchi e delle transazioni in una rete blockchain. Ogni blocco contiene un albero di Merkle degli hash delle transazioni, dove il root hash funge da sommario di tutte le transazioni nel blocco. Questo consente ai partecipanti alla rete di verificare l'integrità dell'intero blocco confrontando il root hash con l'header del blocco, assicurando che tutte le transazioni siano incluse e non siano state manomesse.

Gli alberi di Merkle facilitano la sincronizzazione efficiente dei dati all'interno di una rete blockchain. Invece di trasmettere l'intero dataset, i partecipanti possono scambiarsi solo i rami o sottoalberi necessari dell'albero di Merkle. Questo approccio riduce i requisiti di larghezza di banda della rete, migliora la velocità di sincronizzazione e consente una verifica efficiente dei dati tra i partecipanti.

La costruzione di un albero di Merkle inizia hashando singoli elementi di dati, come i dati delle transazioni, per generare valori hash. Funzioni di hash crittografico, come SHA-256, SHA-3 o Blake2, sono comunemente utilizzate per garantire la sicurezza e l'unicità dei valori hash.

I valori hash vengono poi accoppiati e concatenati, formando un nuovo valore hash che rappresenta i dati combinati. Questo processo viene ripetuto iterativamente fino a ottenere un singolo hash, noto come root hash o Merkle root. Ogni iterazione forma un livello nell'albero di Merkle, con il numero di livelli determinato dal numero di elementi di dati.

Se il numero di elementi di dati è dispari, l'ultimo elemento viene duplicato, creando un numero pari di elementi per l'accoppiamento. Questo garantisce la completezza e l'equilibrio della struttura dell'albero di Merkle.

Gli alberi di Merkle forniscono un meccanismo affidabile per garantire l'integrità dei dati all'interno delle reti blockchain. La struttura gerarchica e gli hash crittografici rendono computazionalmente infattibile manomettere i dati senza essere scoperti. Gli alberi di Merkle migliorano la sicurezza e l'affidabilità dei sistemi blockchain consentendo una verifica efficiente della coerenza dei dati e protezione contro le manomissioni.

Gli alberi di Merkle migliorano significativamente l'efficienza dei processi di verifica e validazione dei dati nelle reti blockchain. Invece di confrontare l'intero dataset o blocco, i partecipanti possono verificare l'integrità dei dati confrontando un set minimo di hash. Ciò riduce i requisiti computazionali, la larghezza di banda della rete e l'overhead di archiviazione, risultando in operazioni blockchain più rapide e scalabili.

Gli alberi di Merkle consentono la divulgazione selettiva di elementi di dati specifici preservando la privacy per gli altri partecipanti. Fornendo una rappresentazione compatta dei dati, i partecipanti possono divulgare solo i rami o sottoalberi necessari senza rivelare l'intero dataset. Questa funzionalità di divulgazione selettiva contribuisce alla preservazione della privacy nei sistemi blockchain, particolarmente in scenari in cui è richiesta la riservatezza.

Gli alberi di Merkle migliorano le prestazioni complessive e la scalabilità delle reti blockchain. La complessità temporale logaritmica della verifica dell'albero di Merkle garantisce una validazione efficiente dei dati indipendentemente dalle dimensioni del dataset. Questa caratteristica di scalabilità consente alle reti blockchain di gestire un gran numero di transazioni o voci di dati mantenendo operazioni rapide e affidabili.

Gli alberi di Merkle si basano sulla resistenza alle collisioni delle funzioni di hash per garantire la sicurezza e l'integrità dei dati. Se una funzione di hash dovesse avere una collisione, dove input diversi producono lo stesso output, potrebbe compromettere l'integrità dell'albero di Merkle. Pertanto, è essenziale utilizzare funzioni di hash ben verificate e sicure per mantenere la robustezza della struttura dell'albero di Merkle.

Man mano che le reti blockchain continuano a crescere, la scalabilità degli alberi di Merkle diventa una considerazione. Con un numero crescente di transazioni o voci di dati, la dimensione degli alberi di Merkle può diventare grande, richiedendo più risorse computazionali per la verifica e l'archiviazione. Ottimizzazioni, come alberi di Merkle parziali o strutture dati alternative, possono essere esplorate per affrontare le sfide di scalabilità.

La sincronizzazione efficiente degli alberi di Merkle tra i partecipanti è cruciale per mantenere una rete blockchain coerente e affidabile. Garantire lo scambio tempestivo dei rami o sottoalberi necessari richiede protocolli di comunicazione efficienti e gestione della larghezza di banda della rete. Ottimizzazioni della rete e protocolli peer-to-peer possono migliorare l'efficienza della sincronizzazione nei sistemi blockchain.

Le prove di Merkle, prove crittografiche che dimostrano la presenza o l'assenza di dati all'interno di un albero di Merkle, possono essere ulteriormente esplorate per migliorare l'efficienza e la privacy delle operazioni blockchain. Inoltre, l'integrazione delle prove a conoscenza zero con gli alberi di Merkle può consentire una verifica efficiente dell'integrità dei dati preservando la riservatezza, espandendo la gamma di applicazioni blockchain possibili.

Gli alberi di Merkle sono componenti integrali in varie soluzioni blockchain scalabili, come le sidechain, i canali di stato e i protocolli di secondo livello. Queste soluzioni sfruttano gli alberi di Merkle per minimizzare l'archiviazione e la verifica dei dati on-chain, riducendo il carico sulla blockchain principale mantenendo la sicurezza e l'integrità del sistema. Gli alberi di Merkle continueranno a svolgere un ruolo vitale nell'abilitare tecnologie blockchain scalabili ed efficienti.

Mining e Validazione

Il mining e la validazione sono componenti integrali della tecnologia blockchain, svolgendo un ruolo cruciale nel raggiungimento del consenso, nel mantenimento della sicurezza e nell'assicurare l'integrità dei registri distribuiti. Il mining coinvolge il processo computazionale di creazione di nuovi blocchi e aggiunta di essi alla blockchain, mentre la validazione verifica l'accuratezza e la legittimità delle transazioni. Questa sezione esplora le caratteristiche, le funzioni, i processi e l'importanza del mining e della validazione nella tecnologia blockchain, evidenziando il loro ruolo nel garantire consenso, sicurezza e fiducia all'interno delle reti decentralizzate.

Il mining nella blockchain si riferisce al processo di creazione di nuovi blocchi e alla loro aggiunta al registro distribuito. I miner, partecipanti specializzati all'interno della rete, competono per risolvere complessi enigmi matematici utilizzando la potenza computazionale. Il miner che ha successo viene ricompensato con criptovaluta appena coniata e con le commissioni di transazione associate al blocco.

Il mining è strumentale per raggiungere il consenso all'interno di una rete blockchain. Attraverso il meccanismo di consenso PoW, i miner competono per risolvere complessi enigmi matematici, con il miner che ha successo che ha l'autorità di aggiungere un nuovo blocco alla blockchain. La formazione del consenso assicura che tutti i partecipanti concordino sulla validità e l'ordine delle transazioni, mantenendo l'integrità e l'immutabilità del registro distribuito.

Il mining coinvolge la creazione di nuovi blocchi, che fungono da contenitori per le transazioni. I miner selezionano un insieme di transazioni in sospeso e le includono nel blocco che stanno minando. Creando nuovi blocchi, i miner contribuiscono alla crescita della blockchain e consentono l'elaborazione e la registrazione delle transazioni all'interno della rete.

Il mining svolge un ruolo critico nella sicurezza delle reti blockchain. La potenza computazionale richiesta per il mining agisce come deterrente contro attività dannose, poiché diventa sempre più difficile e costoso manipolare la blockchain. La natura decentralizzata del mining previene anche che un'unica entità controlli la maggior parte della potenza computazionale, salvaguardando la rete da potenziali attacchi e mantenendo la decentralizzazione e la fiducia del sistema.

La validazione nella blockchain si riferisce al processo di verifica dell'accuratezza, della legittimità e dell'integrità delle transazioni e dei blocchi. I validatori, noti anche come nodi, partecipano al processo di validazione per garantire che le transazioni rispettino le regole e i protocolli di consenso predefiniti della rete blockchain.

Il mining e la validazione assicurano il consenso tra i partecipanti alla rete, stabilendo fiducia e abilitando il decision-making decentralizzato. Attraverso il meccanismo di consenso PoW, il mining raggiunge l'accordo sullo stato della blockchain, mentre la validazione garantisce l'accuratezza e l'integrità delle transazioni. Il consenso e la fiducia sono elementi cruciali nelle reti blockchain, poiché eliminano la necessità di intermediari centralizzati e favoriscono un ambiente trasparente e sicuro.

Lo sforzo computazionale richiesto per il mining e il processo di validazione contribuiscono alla sicurezza e alla resistenza agli attacchi nelle reti blockchain. Il mining assicura che i blocchi siano creati in modo decentralizzato, rendendo difficile per gli attori malintenzionati manipolare la blockchain. La validazione verifica l'accuratezza e la legittimità delle transazioni, prevenendo che attività fraudolente o dannose siano incluse nella blockchain. Gli sforzi combinati del mining e della validazione stabiliscono un solido framework di sicurezza, salvaguardando l'integrità del registro distribuito.

Il mining fornisce una struttura di incentivi che incoraggia la partecipazione e l'attività economica all'interno delle reti blockchain. I miner vengono ricompensati con criptovaluta per i loro sforzi computazionali, contribuendo alla sicurezza e alla stabilità della rete. Anche la validazione consente la partecipazione economica, poiché i validatori possono ricevere commissioni di transazione o altri incentivi per il loro ruolo nella verifica e nella validazione delle transazioni. Questi incentivi economici promuovono la partecipazione alla rete, migliorano la sicurezza e favoriscono la crescita dell'ecosistema blockchain.

Il consumo energetico associato al mining, in particolare nelle reti blockchain basate su PoW, ha sollevato preoccupazioni sul suo impatto ambientale. La potenza computazionale richiesta per il mining si traduce in un alto consumo energetico. La ricerca e lo sviluppo in corso si concentrano su meccanismi di consenso alternativi, come il Proof-of-Stake o algoritmi di mining efficienti dal punto di vista energetico, per affrontare queste sfide.

La concentrazione del potere di mining nelle mani di pochi partecipanti può rappresentare rischi per la decentralizzazione e la sicurezza. Se un'unica entità o un gruppo controlla la maggior parte della potenza computazionale, potrebbe potenzialmente manipolare la blockchain o compromettere l'integrità della rete. Mitigare i rischi di centralizzazione richiede sforzi per distribuire il potere di mining tra un set diversificato di partecipanti e esplorare meccanismi di consenso alternativi che incoraggino la partecipazione decentralizzata.

Il processo di validazione nelle reti blockchain affronta sfide di scalabilità con l'aumento del numero di transazioni e partecipanti alla rete. Man mano che la blockchain cresce, il processo di validazione diventa intensivo dal punto di vista computazionale, potenzialmente portando a colli di bottiglia e tempi di conferma delle transazioni più lunghi. Gli sforzi di ricerca e sviluppo si concentrano su soluzioni di scalabilità, come lo sharding o i calcoli off-chain, per affrontare queste sfide e consentire una validazione più efficiente.

Gli sviluppi futuri nei meccanismi di consenso mirano ad affrontare le sfide del mining, come il consumo energetico e i rischi di centralizzazione. Innovazioni come il Proof-of-Stake, il Delegated Proof-of-Stake o gli algoritmi di consenso Byzantine Fault Tolerance offrono approcci alternativi che riducono il consumo energetico, migliorano la scalabilità e incoraggiano una partecipazione più ampia nelle reti blockchain.

I progressi nell'automazione e nell'intelligenza artificiale (AI) possono ottimizzare il processo di validazione nelle reti blockchain. Gli algoritmi basati su AI e le tecniche di machine learning possono assistere nella verifica delle transazioni, nel rilevamento delle anomalie e nella prevenzione delle frodi. AI e automazione hanno il potenziale per migliorare l'efficienza, l'accuratezza e la scalabilità della validazione, migliorando le prestazioni complessive delle reti blockchain.

CAPITOLO V

Principali Piattaforme Blockchain

Bitcoin

Bitcoin, la criptovaluta pionieristica, è emersa come una delle principali piattaforme blockchain, rivoluzionando il concetto di valuta digitale e le transazioni finanziarie. Costruito su un registro decentralizzato e immutabile, Bitcoin ha ottenuto un ampio riconoscimento e adozione sin dalla sua introduzione nel 2009. In questo saggio esploreremo le caratteristiche, le funzioni, l'impatto e le sfide di Bitcoin come principale piattaforma blockchain, evidenziando il suo ruolo nel rimodellare il panorama finanziario, promuovere la fiducia e consentire transazioni senza confini.

Bitcoin, introdotto dalla persona o gruppo pseudonimo noto come Satoshi Nakamoto, è la prima valuta digitale decentralizzata. Opera su una rete peer-to-peer, utilizzando la tecnologia blockchain per consentire transazioni sicure, trasparenti e resistenti alla censura. Bitcoin ha introdotto il concetto di un sistema finanziario senza fiducia e decentralizzato, sfidando i modelli bancari centralizzati tradizionali.

Bitcoin consente transazioni peer-to-peer, permettendo agli individui di transare direttamente senza la necessità di intermediari come banche o processori di pagamento. Questa disintermediazione conferisce agli individui il pieno controllo sulle loro transazioni finanziarie, riducendo la dipendenza dalle istituzioni centralizzate e potenzialmente abbassando i costi delle transazioni.

Bitcoin è emerso come un deposito di valore, fungendo da classe di asset digitali che offre un potenziale di apprezzamento del valore a lungo termine. La sua offerta limitata, natura decentralizzata e crescente accettazione come mezzo di scambio contribuiscono alla sua attrattiva come deposito di valore, simile all'oro o ad altri asset tradizionali.

Bitcoin facilita le transazioni senza confini, eliminando la necessità di conversioni di valuta o intermediari nei pagamenti transfrontalieri. Con Bitcoin, gli individui possono inviare e ricevere fondi a livello globale senza le limitazioni e le commissioni associate ai sistemi bancari tradizionali. Questa caratteristica apre nuove opportunità per l'inclusione finanziaria e il commercio globale.

Bitcoin offre agli individui sovranità finanziaria, permettendo loro di avere il pieno controllo sui propri fondi e decisioni finanziarie. Con Bitcoin, gli individui possono gestire la propria ricchezza in modo indipendente, liberi da potenziali restrizioni, controlli sui capitali o censura imposti dalle autorità centralizzate.

La natura decentralizzata di Bitcoin e le transazioni peer-to-peer pongono una potenziale sfida ai sistemi bancari tradizionali. Man mano che gli individui adottano Bitcoin, possono bypassare i servizi bancari tradizionali per le transazioni finanziarie di base, riducendo potenzialmente la necessità di intermediari bancari tradizionali.

Bitcoin ha il potenziale di promuovere l'inclusione finanziaria, in particolare nelle regioni con accesso limitato ai servizi bancari. Con uno smartphone e una connessione internet, gli individui possono partecipare alla rete Bitcoin, permettendo loro di conservare valore, transare e accedere ai servizi finanziari senza conti bancari tradizionali.

Bitcoin ha stimolato un'ondata di innovazione e imprenditorialità nello spazio blockchain. La tecnologia sottostante ha ispirato lo sviluppo di numerose applicazioni, piattaforme di finanza decentralizzata (DeFi) e soluzioni basate su blockchain, guidando la crescita di un ecosistema vivace e spingendo i confini dei sistemi finanziari tradizionali.

Bitcoin affronta sfide di scalabilità, con limitazioni sul throughput delle transazioni e sui tempi di conferma. Man mano che il numero di transazioni Bitcoin aumenta, la rete può sperimentare congestioni e commissioni più elevate. La ricerca e lo sviluppo in corso si concentrano su soluzioni di scalabilità come la Lightning Network o i protocolli di secondo livello per affrontare queste sfide.

La natura decentralizzata e pseudonima di Bitcoin presenta sfide regolatorie e legali. I governi e gli organismi di regolamentazione stanno lottando per formulare regolamenti appropriati per affrontare questioni come il riciclaggio di denaro, la conformità fiscale e la protezione dei consumatori, bilanciando al contempo considerazioni su innovazione e privacy.

Il mining di Bitcoin, che si basa su algoritmi PoW ad alta intensità energetica, ha attirato l'attenzione sul suo impatto ambientale. Il consumo energetico associato al mining ha spinto a discussioni sulle pratiche di mining sostenibile e all'esplorazione di meccanismi di consenso alternativi, come il Proof-of-Stake, che consumano meno energia.

La comunità Bitcoin sta esplorando attivamente soluzioni a più livelli e miglioramenti di scalabilità per migliorare l'efficienza e il throughput della rete. Tecnologie come la Lightning Network mirano a facilitare transazioni più veloci e scalabili conducendo transazioni off-chain mantenendo la sicurezza della blockchain Bitcoin sottostante.

Aziende e istituzioni finanziarie popolari stanno sempre più adottando Bitcoin a livello istituzionale, vedendone il potenziale come classe di asset e deposito di valore. L'integrazione crescente di Bitcoin nei sistemi finanziari tradizionali, come l'introduzione di fondi negoziati in borsa (ETF) su Bitcoin o servizi di custodia, potrebbe guidare ulteriormente l'accettazione e l'adozione mainstream.

Sono in fase di sviluppo miglioramenti della privacy per affrontare la natura pseudonima delle transazioni Bitcoin. Tecnologie come le transazioni confidenziali e le firme Schnorr mirano a migliorare la privacy, rendendo le transazioni più fungibili e proteggendo le informazioni finanziarie dei partecipanti.

Ethereum

Ethereum è emerso come una delle principali piattaforme blockchain, rivoluzionando il concetto di applicazioni decentralizzate (DApps) e smart contract. Costruito su una blockchain programmabile, Ethereum consente agli sviluppatori di creare e distribuire applicazioni, contratti e protocolli innovativi. Questa sezione esplora le caratteristiche, le funzioni, l'impatto e le sfide di Ethereum come principale piattaforma blockchain, evidenziando il suo ruolo nel promuovere la decentralizzazione, abilitare l'esecuzione di smart contract e alimentare un vivace ecosistema di DApp.

Ethereum, proposto da Vitalik Buterin nel 2013 e lanciato nel 2015, ha introdotto il concetto di una blockchain programmabile. A differenza di Bitcoin, che serve principalmente come valuta digitale, Ethereum consente agli sviluppatori di creare e distribuire applicazioni decentralizzate e smart contract. La criptovaluta nativa di Ethereum si chiama Ether (ETH).

Ethereum rende possibile creare e distribuire DApp che funzionano su una rete decentralizzata di computer anziché su un server centralizzato. Le DApp sfruttano la natura trasparente e immutabile della blockchain, fornendo trasparenza, sicurezza e resistenza alla censura.

Il supporto di Ethereum per gli smart contract consente l'automazione e l'esecuzione di accordi senza la necessità di intermediari. Gli smart contract abilitano processi auto-eseguibili, applicano regole predefinite e facilitano le transazioni in modo senza fiducia e trasparente. Hanno applicazioni in vari settori, tra cui finanza, gestione della catena di approvvigionamento, governance e altro ancora.

La programmabilità di Ethereum ha facilitato la creazione di token e la possibilità di lanciare Initial Coin Offerings (ICO) o vendite di token. I token possono rappresentare vari asset, come utility token, security token o governance token, consentendo modelli di raccolta fondi innovativi e la creazione di economie tokenizzate.

Ethereum ha introdotto il concetto di standard ERC, che sono specifiche tecniche che garantiscono la compatibilità e l'interoperabilità tra i diversi token e DApp basati su Ethereum. Standard come ERC-20 (token fungibili) e ERC-721 (token non fungibili) sono diventati ampiamente adottati, facilitando la tokenizzazione e l'interazione senza soluzione di continuità tra diversi progetti.

Lo sviluppo di applicazioni per la finanza decentralizzata (DeFi) è stato notevolmente aiutato da Ethereum. I protocolli DeFi costruiti su Ethereum consentono servizi finanziari come prestiti, prestiti, scambi decentralizzati e yield farming. La composibilità e la programmabilità di Ethereum hanno alimentato la rapida crescita della DeFi, aprendo nuove opportunità per l'inclusione finanziaria e l'innovazione.

La capacità di Ethereum di creare e gestire token ha rivoluzionato il concetto di proprietà degli asset. La tokenizzazione consente la proprietà frazionata, l'aumento della liquidità e la trasferibilità più semplice di asset come immobili, opere d'arte o proprietà intellettuale. Ethereum ha aperto la strada all'emergere di economie tokenizzate, consentendo nuove forme di scambio di valore e rappresentazione della proprietà.

La programmabilità di Ethereum e l'ambiente favorevole agli sviluppatori hanno promosso un vivace ecosistema di sviluppatori, imprenditori e appassionati. La comunità di Ethereum collabora attivamente, condivide conoscenze e costruisce soluzioni innovative. Questo ecosistema ha portato alla creazione di numerose DApp, strumenti, librerie e framework che contribuiscono alla crescita e alla maturazione dello spazio blockchain.

Ethereum affronta sfide di scalabilità, in particolare per quanto riguarda il throughput delle transazioni e la congestione della rete. Man mano che aumenta il numero di DApp e utenti, la rete può sperimentare colli di bottiglia e commissioni sul gas più elevate. Gli sforzi di ricerca e sviluppo in corso si concentrano su Ethereum 2.0 e soluzioni come lo sharding e i protocolli di secondo livello per affrontare le sfide di scalabilità.

Il costo delle commissioni sul gas per eseguire transazioni e smart contract su Ethereum è stato oggetto di discussione. Durante i periodi di alta congestione della rete, le commissioni sul gas possono diventare proibitive, influenzando l'esperienza dell'utente e l'usabilità della piattaforma. Miglioramenti nella scalabilità e l'adozione di soluzioni di secondo livello mirano a alleviare questa preoccupazione.

Ethereum, come molte altre piattaforme blockchain, si basa su meccanismi di consenso ad alta intensità energetica, come il PoW. Questo consumo energetico ha sollevato preoccupazioni sull'impatto ambientale. Gli sforzi per passare Ethereum da PoW a Proof-of-Stake (PoS) in Ethereum 2.0 mirano a ridurre il consumo energetico e aumentare la sostenibilità.

Ethereum 2.0 rappresenta un aggiornamento significativo della piattaforma, passando dal consenso PoW a PoS e introducendo miglioramenti di scalabilità. L'implementazione di Ethereum 2.0 migliorerà le prestazioni della rete, ridurrà il consumo energetico e aumenterà il throughput delle transazioni, affrontando le sfide attuali e preparando la piattaforma per la crescita futura.

Soluzioni di secondo livello, come i canali di stato, le sidechain e i rollup, sono in fase di sviluppo per migliorare la scalabilità e ridurre i costi sulla rete Ethereum. Queste soluzioni mirano a gestire un grande volume di transazioni off-chain, garantendo transazioni più veloci ed economiche beneficiando della sicurezza e decentralizzazione della rete principale di Ethereum.

L'evoluzione di Ethereum sarà guidata dall'innovazione continua e dall'adozione. Miglioramenti negli strumenti per gli sviluppatori, nell'esperienza utente e nei modelli di governance attireranno più sviluppatori e utenti sulla piattaforma. Inoltre, l'integrazione di Ethereum con altre tecnologie emergenti come lo storage decentralizzato e le reti di oracoli sbloccherà nuove possibilità per le DApp e l'esecuzione degli smart contract.

Ripple

Ripple è emerso come una delle principali piattaforme blockchain, trasformando il panorama dei pagamenti transfrontalieri e delle transazioni finanziarie. Costruito sull'XRP Ledger, un sistema di registro distribuito, Ripple cerca di offrire transazioni internazionali rapide, sicure e convenienti. Questa sezione esplora le caratteristiche, le funzioni, l'impatto e le sfide di Ripple come principale piattaforma blockchain, evidenziando il suo ruolo nel migliorare l'interoperabilità finanziaria globale, facilitare pagamenti transfrontalieri efficienti e promuovere partnership con istituzioni finanziarie.

Ripple, inizialmente rilasciato nel 2012, mira a rivoluzionare il modo in cui le istituzioni finanziarie regolano i pagamenti transfrontalieri. Fornisce una rete decentralizzata per il trasferimento senza soluzione di continuità del valore e opera sull'XRP Ledger, una tecnologia di registro distribuito progettata specificamente per transazioni rapide ed efficienti.

La funzione principale di Ripple è semplificare i pagamenti transfrontalieri, fornendo un'alternativa più efficiente ai sistemi tradizionali. Sfruttando la tecnologia blockchain e l'XRP Ledger, Ripple consente tempi di regolamento più rapidi, costi di transazione inferiori e una maggiore trasparenza nelle transazioni transfrontaliere.

La criptovaluta XRP di Ripple funge da valuta ponte nelle transazioni transfrontaliere, fornendo liquidità e facilitando il cambio istantaneo di valuta. Il servizio On-Demand Liquidity (ODL) consente alle istituzioni finanziarie di sfruttare XRP per la liquidità in tempo reale, riducendo la necessità di conti prefinanziati in diverse valute.

Ripple promuove l'interoperabilità finanziaria collegando diverse reti di pagamento e facilitando transazioni senza soluzione di continuità tra le istituzioni finanziarie. Il suo protocollo consente una comunicazione sicura e standardizzata, permettendo un'integrazione e una collaborazione più semplici tra i vari stakeholder nell'ecosistema finanziario.

La rete di Ripple, nota come RippleNet, collega istituzioni finanziarie, fornitori di servizi di pagamento e altri partecipanti nell'ecosistema dei pagamenti globali. Ripple ha stretto partnership con numerose banche e istituzioni finanziarie in tutto il mondo, consentendo loro di sfruttare la tecnologia di Ripple per pagamenti transfrontalieri più rapidi e convenienti.

La tecnologia di Ripple ha migliorato significativamente la velocità e l'efficienza dei pagamenti transfrontalieri. I sistemi tradizionali spesso coinvolgono molteplici intermediari e possono richiedere diversi giorni per regolare le transazioni. Il protocollo di Ripple consente un regolamento quasi istantaneo, riducendo i tempi di transazione a pochi secondi e migliorando l'efficienza complessiva dei pagamenti transfrontalieri.

Le transazioni a basso costo di Ripple hanno il potenziale di ridurre significativamente i costi associati ai pagamenti transfrontalieri. Eliminando la necessità di molteplici intermediari, minimizzando le commissioni e riducendo il capitale immobilizzato in conti prefinanziati, Ripple offre una soluzione conveniente per le istituzioni finanziarie e gli utenti finali.

La tecnologia di Ripple ha il potenziale di promuovere l'inclusione finanziaria rendendo le transazioni transfrontaliere più accessibili e convenienti, in particolare per individui e imprese in regioni svantaggiate. Consentendo rimesse più rapide ed economiche, Ripple può contribuire a una maggiore inclusività finanziaria e all'empowerment economico.

Mentre Ripple facilita le transazioni transfrontaliere, opera all'interno dei framework normativi di diverse giurisdizioni. La conformità con le normative e gli standard presenta sfide e considerazioni per Ripple e i suoi partner, richiedendo una collaborazione continua con le autorità di regolamentazione per garantire la conformità alle normative Know Your Customer (KYC) e anti-riciclaggio (AML).

Sebbene Ripple abbia stretto partnership con numerose istituzioni finanziarie, l'adozione diffusa della tecnologia di Ripple è ancora in corso. L'integrazione con i sistemi bancari esistenti, la creazione di fiducia e familiarità e l'affrontare le preoccupazioni relative alla volatilità e alla conformità normativa sono fattori che influenzano l'adozione delle soluzioni di Ripple.

Ripple ha affrontato critiche riguardo al livello di decentralizzazione della sua rete, poiché alcuni sostengono che Ripple eserciti il controllo su una parte significativa dei token XRP. Questa percezione sfida l'idea di decentralizzazione completa che è inerente a molte piattaforme blockchain.

Ripple sta esplorando il potenziale dell'integrazione delle valute digitali delle banche centrali (CBDC) all'interno della sua rete. La collaborazione tra Ripple e le banche centrali mira a sfruttare la tecnologia blockchain per l'emissione, il trasferimento e il regolamento delle CBDC, migliorando l'interoperabilità finanziaria e le transazioni transfrontaliere.

L'attenzione di Ripple sulle partnership con istituzioni finanziarie e fornitori di servizi di pagamento continuerà a guidare la crescita della sua rete. Espandendo la sua rete di partecipanti RippleNet, Ripple mira a stabilire un'infrastruttura globale che consenta pagamenti transfrontalieri più rapidi, convenienti e maggiore liquidità.

Ripple contribuisce attivamente agli sforzi di standardizzazione all'interno delle industrie blockchain e dei pagamenti. Le collaborazioni con organizzazioni come la Interledger Foundation mirano a stabilire standard e protocolli comuni che promuovano l'interoperabilità e la connettività tra diverse reti e sistemi di pagamento.

Hyperledger

Hyperledger è emerso come una delle principali piattaforme blockchain, concentrandosi sullo sviluppo di framework e strumenti open-source per soluzioni blockchain di livello aziendale. Guidato dalla Linux Foundation, Hyperledger mira a fornire piattaforme robuste e interoperabili che consentano alle imprese di costruire e distribuire reti blockchain sicure, scalabili e permissioned. Questa sezione esplora le caratteristiche, le funzioni, l'impatto e le sfide di Hyperledger come principale piattaforma blockchain, evidenziando il suo ruolo nel promuovere la collaborazione, stimolare l'innovazione e avanzare l'adozione della tecnologia blockchain negli ambienti aziendali.

La Linux Foundation ha introdotto Hyperledger come progetto collaborativo open-source nel 2015. Comprende una raccolta di framework, strumenti e librerie che facilitano lo sviluppo di soluzioni blockchain aziendali. A differenza delle blockchain pubbliche come Bitcoin o Ethereum, Hyperledger si concentra su reti blockchain permissioned, private e consortili.

Hyperledger fornisce una base per transazioni sicure e private all'interno delle reti blockchain aziendali. Con reti permissioned, i partecipanti hanno il controllo su chi può unirsi e accedere alla rete, garantendo la riservatezza dei dati e la protezione delle informazioni aziendali sensibili.

I framework di Hyperledger consentono l'automazione dei processi aziendali attraverso l'uso di smart contract. Gli smart contract definiscono le regole e le condizioni per l'esecuzione delle transazioni, semplificando e automatizzando i flussi di lavoro complessi, riducendo l'intervento manuale e migliorando l'efficienza operativa.

L'enfasi di Hyperledger sull'interoperabilità consente la collaborazione e l'integrazione con i sistemi aziendali esistenti. Le aziende possono sfruttare i framework di Hyperledger per connettere diversi stakeholder, sistemi e processi, consentendo una condivisione dei dati senza soluzione di continuità, l'integrazione della catena di approvvigionamento e l'ottimizzazione della catena del valore.

Hyperledger facilita la creazione di reti blockchain consortili e specifiche per settore, in cui più organizzazioni collaborano per affrontare sfide comuni e migliorare l'efficienza operativa. Queste reti promuovono la fiducia, la trasparenza e la condivisione dei dati tra i membri del consorzio, migliorando la visibilità della catena di approvvigionamento e semplificando i processi aziendali.

Hyperledger ha svolto un ruolo fondamentale nel promuovere l'adozione della blockchain negli ambienti aziendali. Fornendo framework e strumenti open-source, Hyperledger abbassa le barriere all'ingresso per le aziende interessate a esplorare la tecnologia blockchain. Offre un approccio standardizzato, riducendo la complessità e i costi associati allo sviluppo di soluzioni blockchain personalizzate da zero.

La versatilità e la modularità di Hyperledger hanno portato a una vasta gamma di casi d'uso in vari settori. È stato implementato in settori come la finanza, la gestione della catena di approvvigionamento, la sanità, la logistica e altro ancora. I framework di Hyperledger offrono la flessibilità di adattare le soluzioni blockchain alle esigenze specifiche del settore, affrontando i punti dolenti e sbloccando nuove efficienze.

Hyperledger promuove la collaborazione e la condivisione della conoscenza all'interno della comunità blockchain. Riunendo leader del settore, sviluppatori e organizzazioni, Hyperledger fornisce una piattaforma per condividere le migliori pratiche, gli standard e la ricerca, stimolando l'innovazione e l'avanzamento della tecnologia blockchain negli ambienti aziendali.

Sviluppare e distribuire soluzioni blockchain basate su Hyperledger richiede competenze tecniche e una comprensione dei concetti di blockchain. Le organizzazioni potrebbero dover investire in formazione o cercare partnership con aziende di sviluppo blockchain per superare la curva di apprendimento e garantire un'implementazione di successo.

I framework di Hyperledger offrono flessibilità nella scelta dei modelli di governance e consenso. Tuttavia, determinare la struttura di governance appropriata e il meccanismo di consenso che si allineano con gli obiettivi e i requisiti di una specifica rete blockchain può essere un compito complesso.

L'integrazione delle soluzioni blockchain con i sistemi legacy esistenti e l'infrastruttura aziendale presenta sfide in termini di compatibilità dei dati, preoccupazioni per la privacy e garantire una transizione fluida. Le organizzazioni devono pianificare e implementare con attenzione strategie di integrazione per massimizzare i benefici delle soluzioni blockchain basate su Hyperledger.

Hyperledger continua a concentrarsi sul miglioramento dell'interoperabilità tra diverse piattaforme e reti blockchain. Gli sforzi per sviluppare standard e protocolli comuni faciliteranno la condivisione dei dati senza soluzione di continuità, le transazioni cross-chain e l'interoperabilità tra Hyperledger e altri ecosistemi blockchain.

Man mano che le reti blockchain aziendali crescono in scala e complessità, i framework di Hyperledger si evolveranno per affrontare le sfide di scalabilità e prestazioni. Gli sforzi di ricerca e sviluppo si concentrano sull'ottimizzazione degli algoritmi di consenso, migliorando il throughput della rete e incorporando soluzioni innovative per migliorare le prestazioni.

Hyperledger esplora l'integrazione con tecnologie emergenti come IoT, AI e soluzioni di identità decentralizzate. Queste integrazioni aprono nuove possibilità per lo scambio sicuro di dati IoT, decision-making basato su AI e gestione dell'identità verificabile e decentralizzata.

Altre Piattaforme Rilevanti

Sebbene alcune delle piattaforme blockchain più conosciute includano Bitcoin, Ethereum, Ripple e Hyperledger, l'ecosistema blockchain è vasto e diversificato, con molte altre piattaforme ben note. Queste piattaforme offrono caratteristiche, capacità e casi d'uso unici che contribuiscono allo sviluppo e all'adozione diffusa della tecnologia blockchain nell'industria. Questa sezione esamina una serie di ulteriori sistemi blockchain noti, sottolineando le loro caratteristiche, i benefici, gli svantaggi e i contributi allo sviluppo di un futuro decentralizzato.

Stellar è una piattaforma blockchain open-source progettata per pagamenti transfrontalieri rapidi e a basso costo. Consente l'emissione e il trasferimento di asset digitali, rendendola adatta per casi d'uso di tokenizzazione. Stellar impiega un meccanismo di consenso federato e opera sul Stellar Consensus Protocol (SCP), che garantisce sicurezza e scalabilità.

La funzione principale di Stellar è facilitare i pagamenti transfrontalieri e le rimesse. Collega istituzioni finanziarie, fornitori di servizi di pagamento e individui in tutto il mondo, consentendo transazioni rapide e convenienti in diverse valute. Inoltre, Stellar supporta la tokenizzazione, consentendo la creazione e la gestione di asset digitali per vari scopi, come punti fedeltà, stablecoin o token garantiti da asset.

L'attenzione di Stellar sui pagamenti transfrontalieri e sulla tokenizzazione ha il potenziale per migliorare l'inclusione finanziaria e semplificare le transazioni finanziarie globali. Tuttavia, le sfide includono la conformità normativa, la scalabilità e l'istituzione di partnership con istituzioni finanziarie per promuovere un'adozione più ampia.

Corda, sviluppata da R3, è una piattaforma blockchain progettata specificamente per casi d'uso aziendali. Enfatizza la privacy e la sicurezza consentendo transazioni sicure e la condivisione di dati sensibili all'interno di una rete permissioned. Corda impiega un algoritmo di consenso unico chiamato servizio Notary, che garantisce la finalità e la privacy delle transazioni.

Le funzioni chiave di Corda includono la facilitazione di transazioni sicure e private, l'automazione di processi aziendali complessi attraverso smart contract e la condivisione sicura dei dati tra i partecipanti. Le sue caratteristiche di privacy rendono Corda adatta per settori che richiedono la riservatezza dei dati, come finanza, sanità e gestione della catena di approvvigionamento.

L'attenzione di Corda sulla privacy e le soluzioni aziendali di alto livello ha attirato l'attenzione delle istituzioni finanziarie e di altri settori. Le sue sfide includono l'istituzione di governance della rete, l'integrazione con i sistemi esistenti e l'affrontare l'interoperabilità con altre piattaforme blockchain.

EOS è una piattaforma blockchain che consente lo sviluppo e la distribuzione di applicazioni decentralizzate (DApp). Impiega un meccanismo di consenso Delegated Proof-of-Stake (DPoS), che consente un alto throughput di transazioni e bassa latenza. EOS offre un ambiente favorevole agli sviluppatori con risorse e strumenti per la creazione di DApp.

EOS mira a risolvere le sfide di scalabilità spesso riscontrate nelle piattaforme blockchain. Fornisce un'infrastruttura per gli sviluppatori per creare e eseguire DApp con alte prestazioni ed efficienza. L'attenzione di EOS sulla scalabilità e il supporto agli sviluppatori ha attirato l'attenzione dai settori del gaming, dei social media e della finanza decentralizzata (DeFi).

La scalabilità e l'approccio incentrato sugli sviluppatori di EOS l'hanno posizionata come una piattaforma blockchain prominente per lo sviluppo di DApp. Tuttavia, le sfide includono la governance della rete, garantire la decentralizzazione e affrontare le preoccupazioni relative alla centralizzazione dei produttori di blocchi.

NEO, spesso chiamata "Ethereum cinese", è una piattaforma blockchain progettata per supportare lo sviluppo di applicazioni decentralizzate e smart contract. NEO impiega un meccanismo di consenso Delegated Byzantine Fault Tolerance (dBFT), offrendo alta velocità e finalità delle transazioni. Si concentra sulla creazione di una "economia intelligente" integrando asset digitali e sistemi finanziari tradizionali.

Le funzioni chiave di NEO includono lo sviluppo e l'esecuzione di smart contract, l'emissione e la gestione di asset digitali e la creazione di applicazioni decentralizzate. L'attenzione di NEO sull'integrazione della tecnologia blockchain con i sistemi finanziari tradizionali ha attirato l'attenzione dei regolatori e delle istituzioni in Cina e oltre.

L'attenzione di NEO sull'integrazione degli asset digitali e della finanza tradizionale ha il potenziale per rimodellare il panorama finanziario. Le sfide includono la conformità normativa, l'istituzione di partnership con istituzioni finanziarie e promuovere l'adozione internazionale oltre la Cina.

IOTA è una piattaforma blockchain progettata specificamente per l'ecosistema dell'Internet delle Cose (IoT). Impiega una tecnologia di registro distribuito unica chiamata Tangle, che consente transazioni scalabili, senza commissioni e sicure tra dispositivi IoT. IOTA non utilizza strutture blockchain tradizionali, ma impiega un'architettura a grafo aciclico diretto (DAG).

La funzione principale di IOTA è fornire un'infrastruttura sicura e scalabile per i dispositivi IoT per transare e scambiare dati. Le sue transazioni senza commissioni e la natura leggera la rendono adatta per microtransazioni e comunicazioni macchina-macchina (M2M). L'attenzione di IOTA sull'IoT ha implicazioni per settori come le città intelligenti, la gestione della catena di approvvigionamento e i veicoli autonomi.

L'attenzione di IOTA sull'IoT e le transazioni senza commissioni affronta punti critici specifici nell'ecosistema IoT. Le sfide includono la scalabilità della rete, l'adozione da parte dei produttori di dispositivi IoT e garantire la sicurezza e l'affidabilità in un panorama IoT in rapida evoluzione.

CAPITOLO VI

Casi d'Uso della Tecnologia Blockchain

Servizi Finanziari e Bancari

La tecnologia blockchain potrebbe trasformare i settori dei servizi finanziari e bancari, offrendo trasparenza, sicurezza, efficienza e risparmi sui costi. Con la sua natura decentralizzata e immutabile, la blockchain sta rimodellando i processi finanziari tradizionali, dai pagamenti e rimesse alla verifica dell'identità e alla tokenizzazione degli asset. Questa sezione esplora i casi d'uso della tecnologia blockchain nei servizi finanziari e bancari, evidenziando il suo impatto su aree come i pagamenti transfrontalieri, il finanziamento del commercio, i processi Know Your Customer (KYC) e altro ancora.

I pagamenti transfrontalieri sono spesso lenti, costosi e complicati da intermediari. I sistemi tradizionali coinvolgono più banche, reti di corrispondenti e processi di regolamento, portando a ritardi e alti costi di transazione. Inoltre, problemi come la mancanza di trasparenza e il potenziale di frode rappresentano sfide nei pagamenti transfrontalieri.

La tecnologia blockchain offre miglioramenti significativi nei pagamenti transfrontalieri. Sfruttando i registri distribuiti e gli smart contract, la blockchain consente transazioni transfrontaliere quasi istantanee, sicure e convenienti. La blockchain elimina gli intermediari, riduce i tempi di regolamento e fornisce visibilità in tempo reale sullo stato della transazione, beneficiando sia individui che aziende.

La soluzione blockchain-based di Ripple, On-Demand Liquidity (ODL), utilizza la sua criptovaluta nativa XRP come valuta ponte per i pagamenti transfrontalieri. ODL elimina la necessità di conti prefinanziati in più valute, riducendo i costi di liquidità e i tempi di regolamento. Le istituzioni finanziarie possono sfruttare ODL per migliorare le loro capacità di pagamento transfrontaliero e migliorare la gestione della liquidità.

Il finanziamento del commercio comporta processi complessi, tra cui documentazione, verifica e finanziamento delle transazioni commerciali internazionali. Questi processi sono spesso intensivi in termini di documenti, richiedono tempo e sono soggetti a errori. Inoltre, la mancanza di trasparenza, l'accesso limitato al finanziamento per le piccole e medie imprese (PMI) e i rischi di frode sono sfide prevalenti.

La tecnologia blockchain ha il potenziale per semplificare il finanziamento del commercio e la gestione della catena di approvvigionamento. Fornendo una piattaforma sicura e trasparente, la blockchain consente il tracciamento in tempo reale delle merci, la convalida dei documenti e l'esecuzione automatica degli smart contract. Queste caratteristiche migliorano l'efficienza, riducono i costi e mitigano i rischi di frode nelle operazioni di finanziamento del commercio.

La piattaforma TradeLens di IBM sfrutta la tecnologia blockchain per digitalizzare e semplificare l'ecosistema globale della catena di approvvigionamento. TradeLens fornisce visibilità end-to-end, tracciamento in tempo reale e automazione della documentazione commerciale, facilitando la collaborazione senza soluzione di continuità tra gli stakeholder, riducendo i ritardi e migliorando la fiducia nella catena di approvvigionamento.

I processi KYC e AML sono essenziali per banche e istituzioni finanziarie per conformarsi ai requisiti normativi e combattere i crimini finanziari. Tuttavia, le attuali procedure KYC e AML richiedono tempo, sono duplicative e richiedono la condivisione di dati sensibili dei clienti tra più parti, sollevando preoccupazioni sulla privacy.

La tecnologia blockchain può migliorare i processi KYC e AML abilitando la verifica dell'identità sicura e decentralizzata e la condivisione dei dati. Le soluzioni KYC basate su blockchain offrono una singola fonte di verità per i dati dei clienti, riducendo la duplicazione e migliorando la privacy e la sicurezza dei dati. I registri immutabili sulla blockchain aumentano anche la fiducia e la trasparenza nei processi di conformità.

La piattaforma blockchain Quorum di JPMorgan è stata utilizzata per sviluppare un prototipo di soluzione KYC che consente la condivisione sicura dei dati dei clienti tra le istituzioni finanziarie. Questo approccio elimina i processi KYC duplicativi, riduce i costi e migliora l'efficienza dell'onboarding dei clienti mantenendo la privacy dei dati e la conformità normativa.

I sistemi di identità digitale tradizionali sono frammentati, centralizzati e soggetti a violazioni della sicurezza. Gli utenti spesso devono gestire più nomi utente e password su diverse piattaforme, portando a inconvenienti e vulnerabilità. Inoltre, il furto di identità e le frodi sono preoccupazioni continue.

La tecnologia blockchain fornisce un framework decentralizzato e sicuro per la gestione dell'identità digitale. Le soluzioni di identità basate su blockchain consentono agli utenti di avere il controllo sui propri dati personali, riducendo la dipendenza da autorità centralizzate. La verifica e l'autenticazione dell'identità possono essere semplificate e identità digitali affidabili possono essere stabilite sulla blockchain, migliorando la sicurezza e la privacy.

La piattaforma di identità auto-sovrana (SSI) uPort, basata su blockchain, consente agli utenti di costruire e gestire in modo sicuro le proprie identità digitali. Gli utenti hanno il controllo sui propri dati personali, che sono archiviati sulla blockchain e possono essere condivisi selettivamente con entità affidabili. Il framework SSI di uPort consente una verifica dell'identità senza soluzione di continuità e migliorata in termini di privacy in varie applicazioni, dall'accesso ai servizi finanziari alle interazioni governative.

La proprietà degli asset tradizionali spesso coinvolge intermediari, processi legali complessi e liquidità limitata. Trasferire la proprietà di asset, come immobili o opere d'arte, può richiedere tempo, essere costoso e soggetto a dispute. Inoltre, i piccoli investitori possono incontrare barriere all'accesso a determinate classi di asset.

La tecnologia blockchain consente la tokenizzazione degli asset, rappresentando la proprietà frazionata su un registro digitale. La tokenizzazione consente una facile trasferibilità, un'aumentata liquidità e la frazionamento di grandi asset. Fornisce anche nuove opportunità di investimento per una gamma più ampia di investitori.

Polymath è una piattaforma blockchain focalizzata sulla tokenizzazione dei titoli. Fornisce un framework per l'emissione e la gestione di security token, conforme ai requisiti normativi. Polymath consente la proprietà frazionata di asset come immobili, fondi di venture capital o private equity, democratizzando l'accesso alle opportunità di investimento e migliorando la liquidità del mercato.

Gestione della Catena di Fornitura

La tecnologia blockchain è emersa come uno strumento potente per rivoluzionare la gestione della catena di approvvigionamento. Fornendo un registro immutabile e trasparente, la blockchain consente una maggiore tracciabilità, verifica della provenienza e condivisione sicura dei dati lungo tutta la catena di approvvigionamento. Questa sezione esplora i casi d'uso della tecnologia blockchain nella gestione della catena di approvvigionamento, evidenziando il suo impatto su aree come tracciabilità, autenticità dei prodotti, gestione dell'inventario e verifica dei fornitori.

Le catene di approvvigionamento tradizionali spesso mancano di trasparenza, rendendo difficile tracciare il percorso dei prodotti dalle materie prime ai consumatori finali. I partecipanti alla catena di approvvigionamento affrontano sfide nel verificare l'autenticità, la qualità e la conformità dei prodotti. Inoltre, tracciare l'origine delle merci nelle complesse catene di approvvigionamento globali può richiedere tempo ed essere soggetto a errori.

La tecnologia blockchain fornisce un registro immutabile e verificabile che migliora la tracciabilità e la verifica della provenienza. Registrando ogni transazione e movimento delle merci sulla blockchain, i partecipanti possono facilmente tracciare e verificare la storia, la posizione e le caratteristiche dei prodotti in ogni fase della catena di approvvigionamento. Questa trasparenza promuove fiducia e responsabilità tra le parti interessate.

IBM Food Trust è una piattaforma basata su blockchain che consente la tracciabilità end-to-end nella catena di approvvigionamento alimentare. Catturando e condividendo dati sulla blockchain, IBM Food Trust consente alle parti interessate di tracciare l'origine, la lavorazione e la distribuzione dei prodotti alimentari. Questo migliora la sicurezza alimentare, riduce le frodi e consente una risposta più rapida ai richiami alimentari.

I prodotti contraffatti rappresentano rischi significativi per la sicurezza dei consumatori, la reputazione del marchio e le perdite economiche. I metodi tradizionali di verifica dell'autenticità dei prodotti, come etichette fisiche o numeri di serie, possono essere facilmente replicati o manomessi. Questo crea sfide nell'assicurare che i prodotti genuini raggiungano i consumatori.

La tecnologia blockchain fornisce un registro decentralizzato e a prova di manomissione delle informazioni sui prodotti, consentendo una verifica migliorata dell'autenticità dei prodotti. Registrando i dettagli dei prodotti, come numeri di serie o identificatori unici, sulla blockchain, produttori, distributori e consumatori possono verificare l'autenticità delle merci in ogni fase della catena di approvvigionamento, riducendo il rischio di prodotti contraffatti.

VeChain è una rete blockchain focalizzata sull'autenticità dei prodotti e sulla gestione della catena di approvvigionamento. Utilizza identificatori unici e codici NFC/QR per collegare i prodotti fisici ai record digitali sulla blockchain. I consumatori possono ora verificare rapidamente e facilmente l'autenticità, la qualità e l'origine dei prodotti scansionando il codice a barre del prodotto con uno smartphone.

I sistemi di gestione dell'inventario tradizionali spesso mancano di visibilità in tempo reale, portando a inefficienze, esaurimenti di scorte e inventario in eccesso. La mancanza di trasparenza e la condivisione ritardata delle informazioni tra i partner della catena di approvvigionamento possono portare a previsioni di domanda inaccurate e a una gestione subottimale dell'inventario.

La tecnologia blockchain facilita la visibilità e la trasparenza in tempo reale nella gestione dell'inventario. Registrando i movimenti dell'inventario, i livelli di stock e i dati sulla domanda sulla blockchain, i partner della catena di approvvigionamento possono accedere a informazioni accurate e aggiornate. Questo consente una pianificazione efficiente della domanda, livelli di inventario ottimizzati e una maggiore reattività della catena di approvvigionamento.

Waltonchain è una piattaforma basata su blockchain che si concentra sull'integrazione IoT per la gestione della catena di approvvigionamento. Combina la tecnologia RFID (Radio Frequency Identification) con la blockchain per fornire tracciamento e monitoraggio in tempo reale dell'inventario. L'integrazione dei dispositivi IoT e della blockchain consente una gestione accurata dell'inventario, riduce gli esaurimenti di scorte e semplifica le operazioni della catena di approvvigionamento.

Verificare l'autenticità, la credibilità e le pratiche etiche dei fornitori è un compito complesso. I processi di verifica dei fornitori tradizionali si basano su audit manuali e certificazioni, che possono richiedere tempo, risorse e essere suscettibili a frodi o rappresentazioni errate.

La tecnologia blockchain consente la verifica sicura e decentralizzata dei fornitori creando un registro trasparente e verificabile delle informazioni e delle certificazioni dei fornitori. Archiviando i dettagli dei fornitori, le certificazioni e i record di conformità sulla blockchain, i partecipanti alla catena di approvvigionamento possono facilmente verificare e convalidare l'autenticità e le pratiche etiche dei fornitori, promuovendo approvvigionamenti sostenibili e responsabili.

Provenance è una piattaforma basata su blockchain che si concentra sulla trasparenza della catena di approvvigionamento e sull'approvvigionamento etico. Consente alle aziende di tracciare e verificare l'impatto sociale e ambientale dei loro prodotti. Registrando e condividendo informazioni sulla blockchain, Provenance consente ai consumatori di prendere decisioni di acquisto informate e promuove la sostenibilità nelle catene di approvvigionamento.

Le catene di approvvigionamento tradizionali spesso coinvolgono la condivisione di dati sensibili tra più parti interessate. Le violazioni dei dati, gli attacchi informatici e l'accesso non autorizzato a informazioni riservate presentano rischi significativi per l'integrità e la reputazione della catena di approvvigionamento.

La tecnologia blockchain offre una maggiore sicurezza e privacy dei dati grazie alla sua natura decentralizzata e crittografica. L'uso di tecniche crittografiche garantisce l'integrità dei dati e protegge le informazioni sensibili dall'accesso non autorizzato o dalla manomissione. L'architettura distribuita della blockchain riduce anche il rischio di un singolo punto di fallimento e migliora la resilienza dei dati.

Zilliqa è una piattaforma blockchain che si concentra sulla sicurezza e la privacy dei dati nella gestione della catena di approvvigionamento. Impiega un'architettura sharded, che divide la rete blockchain in gruppi più piccoli di nodi, migliorando la scalabilità e la privacy. L'enfasi di Zilliqa sui smart contract che preservano la privacy consente la condivisione sicura e riservata dei dati sensibili all'interno della catena di approvvigionamento.

Sanità

Affrontando problemi significativi relativi alla sicurezza dei dati, all'interoperabilità e alla privacy dei pazienti, la tecnologia blockchain ha il potenziale per rivoluzionare il settore sanitario. Grazie alla sua natura decentralizzata e immutabile, la blockchain offre una piattaforma sicura e trasparente per l'archiviazione, la condivisione e la gestione dei dati sanitari. L'impatto della tecnologia blockchain in settori come le cartelle cliniche elettroniche (EHR), le sperimentazioni cliniche, l'integrità della catena di approvvigionamento e la ricerca medica è evidenziato in questa sezione, esaminando i casi d'uso nel settore sanitario.

I sistemi tradizionali di cartelle cliniche elettroniche spesso soffrono di dati frammentati, mancanza di interoperabilità e preoccupazioni sulla sicurezza e privacy dei dati. I dati dei pazienti sono tipicamente sparsi su più sistemi, rendendo difficile l'accesso a cartelle cliniche complete quando necessario. Le violazioni dei dati e l'accesso non autorizzato a informazioni sanitarie sensibili sono preoccupazioni costanti.

La tecnologia blockchain offre una soluzione sicura e interoperabile per le cartelle cliniche elettroniche. Utilizzando un registro decentralizzato e distribuito, la blockchain consente la condivisione e l'accesso senza soluzione di continuità ai dati dei pazienti tra i fornitori di assistenza sanitaria, garantendo integrità, privacy e sicurezza dei dati. I pazienti hanno il controllo sulle proprie cartelle cliniche e possono concedere l'autorizzazione a fornitori specifici per accedere ai loro dati.

MedRec è una piattaforma basata su blockchain sviluppata dal MIT che si concentra sulle cartelle cliniche elettroniche sicure e rispettose della privacy. Permette ai pazienti di avere il pieno controllo sui loro dati sanitari, garantendo al contempo interoperabilità e condivisione dei dati tra i fornitori di assistenza sanitaria. MedRec migliora l'accuratezza delle cartelle cliniche dei pazienti, riduce le duplicazioni e facilita cure più informate e personalizzate.

Le sperimentazioni cliniche affrontano spesso sfide relative all'integrità dei dati, alla trasparenza e al reclutamento dei pazienti. Garantire l'accuratezza e l'affidabilità dei dati delle sperimentazioni cliniche è cruciale per lo sviluppo di farmaci e la sicurezza dei pazienti. Inoltre, il processo di reclutamento dei pazienti per le sperimentazioni cliniche può essere lungo e inefficiente.

La tecnologia blockchain può migliorare l'integrità e la trasparenza dei dati delle sperimentazioni cliniche. Registrando i dati delle sperimentazioni su una blockchain, i ricercatori possono garantire l'immutabilità e la tracciabilità dei dati, riducendo il rischio di manipolazioni o alterazioni. La blockchain facilita anche il reclutamento sicuro e trasparente dei pazienti, permettendo agli individui di partecipare alle sperimentazioni mantenendo privacy e consenso.

ClinicalTrials.gov, un database di sperimentazioni cliniche, mira a sfruttare la tecnologia blockchain per migliorare la trasparenza e l'integrità dei dati. Integrandosi con Hyperledger Fabric, ClinicalTrials.gov può garantire la registrazione sicura e verificabile dei dati delle sperimentazioni, permettendo una maggiore fiducia e trasparenza nel processo di ricerca clinica.

La catena di approvvigionamento farmaceutica affronta sfide legate ai farmaci contraffatti, alla tracciabilità dei prodotti e alla trasparenza della catena di approvvigionamento. Garantire l'autenticità e l'integrità dei farmaci mentre si spostano attraverso la catena di approvvigionamento è fondamentale per la sicurezza dei pazienti e la conformità normativa.

La tecnologia blockchain fornisce un registro immutabile e trasparente che migliora l'integrità della catena di approvvigionamento. Registrando e verificando ogni transazione e movimento dei farmaci sulla blockchain, gli stakeholder possono facilmente tracciare la provenienza, l'autenticità e la gestione dei prodotti farmaceutici. Questo riduce il rischio di farmaci contraffatti, migliora la tracciabilità e garantisce la conformità normativa.

MediLedger è una piattaforma basata su blockchain che si concentra sull'integrità della catena di approvvigionamento nel settore farmaceutico. Consente il tracciamento sicuro e trasparente dei farmaci dal produttore al paziente, riducendo il rischio di farmaci contraffatti o di qualità inferiore che entrano nella catena di approvvigionamento. La soluzione blockchain di MediLedger migliora la tracciabilità, semplifica i richiami e aumenta la fiducia tra i partecipanti alla catena di approvvigionamento.

La ricerca medica affronta spesso sfide legate ai silos di dati, alle preoccupazioni sulla privacy e all'accesso limitato a set di dati diversificati e completi. I ricercatori necessitano di accesso a enormi quantità di dati per derivare intuizioni significative e avanzare la conoscenza medica. Tuttavia, le preoccupazioni riguardanti la privacy dei dati e la proprietà ostacolano una condivisione e collaborazione efficienti dei dati.

La tecnologia blockchain consente una condivisione sicura e decentralizzata dei dati per scopi di ricerca medica. Utilizzando la blockchain, i ricercatori possono accedere e condividere in modo sicuro dati dei pazienti de-identificati, mantenendo la privacy e il consenso dei pazienti. La natura distribuita della blockchain garantisce l'integrità, l'autenticità e la tracciabilità dei dati, promuovendo la collaborazione e accelerando le scoperte mediche.

Hu-manity.co è una piattaforma basata su blockchain che si concentra sulla proprietà e il controllo dei dati dei pazienti. Permette agli individui di archiviare in modo sicuro i loro dati sanitari sulla blockchain e concedere il permesso ai ricercatori per l'accesso. Hu-manity.co consente ai pazienti di decidere come vengono utilizzati i loro dati, facilita la condivisione dei dati per la ricerca medica e garantisce una giusta compensazione per i contributi dei dati.

Gestione dell'Identità

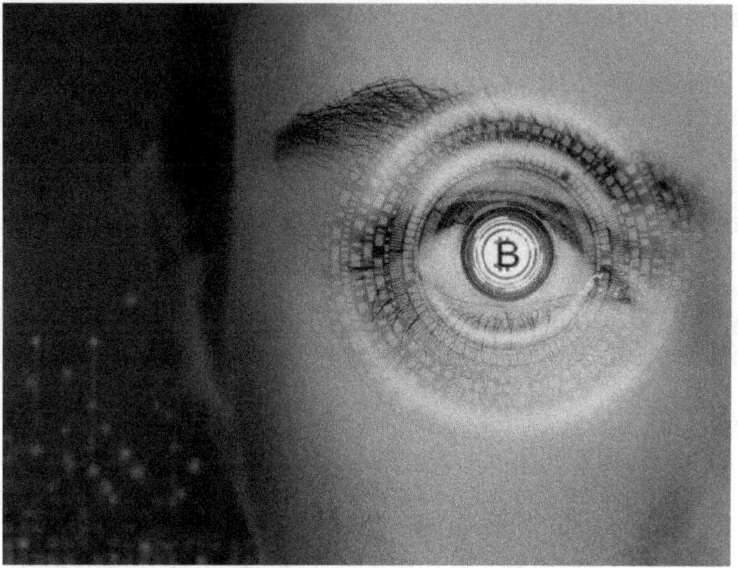

La gestione dell'identità è un aspetto critico del nostro mondo sempre più digitale. I sistemi tradizionali di gestione dell'identità spesso soffrono di problemi come violazioni dei dati, furti di identità e mancanza di controllo sulle informazioni personali. La tecnologia blockchain offre una soluzione rivoluzionaria fornendo un quadro decentralizzato, sicuro e trasparente per la gestione dell'identità. Questa sezione esplora i casi d'uso della tecnologia blockchain nella gestione dell'identità, evidenziando il suo impatto su aree come l'identità auto-sovrana, le credenziali digitali, i processi di Know Your Customer (KYC) e l'autenticazione sicura.

I sistemi tradizionali di gestione dell'identità spesso si basano su autorità centralizzate che archiviano e controllano le informazioni personali degli individui. Questa centralizzazione crea un unico punto di fallimento e solleva preoccupazioni riguardo la privacy dei dati, la sicurezza e l'uso improprio dei dati personali. Inoltre, gli individui hanno un controllo limitato sulla propria identità e lottano per gestire più identità su diverse piattaforme.

La tecnologia blockchain consente l'identità auto-sovrana, in cui gli individui hanno il pieno controllo sulle proprie informazioni personali e su come vengono condivise. Le soluzioni di identità auto-sovrana basate su blockchain archiviano gli attributi dell'identità sulla blockchain, garantendo immutabilità, sicurezza e privacy. Gli individui possono gestire e condividere selettivamente i propri dati di identità, promuovendo la privacy e riducendo la dipendenza dalle autorità centralizzate.

Sovrin è una piattaforma di identità auto-sovrana basata su blockchain che fornisce agli individui il controllo sulla propria identità digitale. Utilizza identificatori decentralizzati (DID) e credenziali verificabili per consentire una gestione dell'identità sicura e migliorata per la privacy. L'enfasi di Sovrin sull'identità auto-sovrana consente agli individui di gestire le proprie identità digitali e condividere credenziali verificabili attraverso varie applicazioni e organizzazioni.

Le credenziali digitali, come diplomi di istruzione, certificazioni professionali o licenze, sono spesso emesse in modo centralizzato, rendendo difficile la verifica e l'autenticazione. Le credenziali contraffatte, la mancanza di trasparenza e la necessità di processi di verifica manuale pongono ostacoli significativi nella gestione delle credenziali digitali.

La tecnologia blockchain offre un quadro decentralizzato e a prova di manomissione per la gestione e la verifica delle credenziali digitali. Registrando le credenziali sulla blockchain, emittenti, titolari e verificatori possono garantire l'integrità, l'autenticità e la verifica in tempo reale delle credenziali. Le soluzioni di credenziali digitali basate su blockchain migliorano la fiducia, riducono le frodi e semplificano il processo di verifica.

Learning Machine, in collaborazione con il MIT, ha sviluppato Blockcerts, un sistema di credenziali digitali basato su blockchain. Blockcerts consente alle istituzioni educative, ai datori di lavoro e agli enti di certificazione di emettere credenziali digitali verificabili che sono archiviate sulla blockchain. Gli individui possono condividere digitalmente le proprie credenziali e i verificatori possono verificarle istantaneamente, migliorando l'efficienza e la fiducia nella gestione delle credenziali.

I processi Know Your Customer (KYC) sono critici in vari settori, tra cui banche, finanza e servizi digitali, per verificare l'identità e l'idoneità dei clienti. Tuttavia, i processi KYC tradizionali sono spesso lunghi, costosi e onerosi sia per gli individui che per le organizzazioni. La mancanza di standardizzazione dei dati e la necessità di presentazioni ripetitive dei dati creano inefficienze e ritardi.

La tecnologia blockchain può semplificare i processi KYC fornendo una piattaforma sicura e immutabile per la verifica dell'identità. Archiviando le informazioni di identità verificate sulla blockchain, gli individui possono condividere selettivamente i propri dati KYC, riducendo la necessità di presentazioni ripetitive. Le organizzazioni possono accedere a informazioni KYC affidabili e aggiornate, migliorando l'efficienza e la conformità.

uPort è una piattaforma di identità auto-sovrana basata su blockchain che si concentra sui processi KYC. Consente agli individui di gestire in modo sicuro le proprie informazioni KYC sulla blockchain e di condividerle con le organizzazioni secondo necessità. Il modello di identità decentralizzata di uPort semplifica i processi KYC, riducendo le presentazioni ridondanti dei dati e consentendo un onboarding dei clienti efficiente.

I metodi di autenticazione tradizionali, come password o token fisici, sono suscettibili a varie minacce alla sicurezza, tra cui hacking, phishing e furti di identità. Inoltre, gestire più nomi utente e password su diverse piattaforme può essere scomodo e soggetto a errori umani.

La tecnologia blockchain offre una maggiore sicurezza e convenienza nell'autenticazione attraverso meccanismi decentralizzati e crittografici. Utilizzando protocolli di autenticazione basati su blockchain, gli individui possono stabilire identità digitali sicure e autenticarsi senza fare affidamento su password o autorità centralizzate. Le soluzioni di autenticazione basate su blockchain migliorano la sicurezza, riducono il rischio di furti di identità e semplificano la gestione degli accessi.

Civic è una piattaforma di verifica dell'identità e autenticazione basata su blockchain che si concentra sulla gestione sicura e conveniente degli accessi. Utilizza la tecnologia blockchain per fornire agli utenti un'identità digitale che può essere utilizzata per l'accesso sicuro e la verifica dell'identità su varie piattaforme online. L'approccio decentralizzato di Civic migliora la sicurezza, la privacy e il controllo degli utenti sulle proprie identità digitali.

Sistemi di Voto

Il voto è un componente essenziale della società democratica, ma i processi di voto tradizionali incontrano frequentemente problemi di affidabilità, sicurezza e trasparenza. La tecnologia blockchain, offrendo un quadro decentralizzato, trasparente e a prova di manomissione per condurre e verificare le elezioni, è emersa come una possibile soluzione a questi problemi. Questa sezione esamina l'uso della tecnologia blockchain nei sistemi di voto, enfatizzando il suo impatto su elezioni trasparenti, voti sicuri e verificabili, e validazione dell'identità degli elettori.

La gestione e l'amministrazione delle elezioni nei sistemi di voto tradizionali sono centralizzate, il che solleva dubbi riguardo la sicurezza e l'integrità del processo di voto. Problemi come frodi elettorali, manipolazione delle schede e conteggi errati dei voti possono influenzare la credibilità dei risultati elettorali.

La tecnologia blockchain offre una piattaforma sicura e verificabile per condurre le elezioni. Registrando ogni voto come una transazione sulla blockchain, si crea un registro trasparente e a prova di manomissione. La struttura decentralizzata della blockchain garantisce che nessuna entità singola possa alterare o modificare i dati di voto, aumentando così la trasparenza e l'integrità del processo elettorale.

Voatz è una piattaforma di voto mobile basata su blockchain che mira a migliorare la sicurezza e l'accessibilità del voto. Utilizza la tecnologia blockchain per consentire il voto sicuro da dispositivi mobili, garantendo al contempo trasparenza e verificabilità. La piattaforma di Voatz è stata utilizzata in varie elezioni, inclusi i voti dei militari all'estero, offrendo un'esperienza di voto conveniente e sicura.

Garantire una verifica accurata dell'identità degli elettori è cruciale per mantenere l'integrità e l'equità delle elezioni. Tuttavia, i metodi tradizionali di registrazione e verifica dell'identità degli elettori, come i sistemi basati su carta o la dipendenza da database centralizzati, possono essere suscettibili a errori, impersonificazione e furti di identità.

La tecnologia blockchain fornisce un quadro sicuro e decentralizzato per la verifica dell'identità degli elettori. Archiviando le identità degli elettori verificate sulla blockchain, si crea un registro trasparente e immutabile. Questo garantisce che ogni voto sia espresso da un elettore verificato, riducendo il rischio di voti fraudolenti o duplicati.

Follow My Vote è una piattaforma di voto basata su blockchain che enfatizza la verifica dell'identità degli elettori. Utilizzando la tecnologia blockchain, viene creato un registro decentralizzato e a prova di manomissione delle identità degli elettori, consentendo una verifica accurata e trasparente. L'approccio di Follow My Vote migliora l'integrità delle elezioni e infonde fiducia nel processo di voto.

La mancanza di trasparenza nel processo elettorale può portare a dubbi sull'accuratezza e l'equità dei risultati elettorali. I sistemi di voto tradizionali spesso forniscono una visibilità limitata sull'intero processo, inclusi il casting delle schede, il conteggio dei voti e la tabulazione dei risultati, lasciando spazio a manipolazioni o dispute.

La tecnologia blockchain garantisce trasparenza e verificabilità durante tutto il processo elettorale. Registrando ogni voto e transazione sulla blockchain, chiunque può verificare l'integrità dei risultati elettorali. La natura decentralizzata della blockchain impedisce la manipolazione o la manomissione dei dati di voto, aumentando la fiducia nella trasparenza e nell'equità delle elezioni.

Agora è una piattaforma basata su blockchain che mira a migliorare la trasparenza e la verificabilità delle elezioni. Utilizza la tecnologia blockchain per generare un registro immutabile e accessibile pubblicamente dei voti, consentendo la verifica indipendente e l'audit dei risultati elettorali. L'approccio di Agora aumenta la fiducia e promuove la fiducia nel processo democratico.

I sistemi di governance tradizionali spesso mancano di partecipazione diretta dei cittadini e trasparenza. I processi decisionali possono essere centralizzati, rendendo difficile per i cittadini avere voce in capitolo nelle questioni di governance. La fiducia nelle istituzioni governative può essere erosa da preoccupazioni riguardo corruzione, mancanza di trasparenza e l'influenza di interessi potenti.

La tecnologia blockchain ha il potenziale per abilitare modelli di governance decentralizzati, in cui i cittadini possono partecipare direttamente ai processi decisionali. Utilizzando sistemi di voto basati su blockchain, i cittadini possono esprimere i propri voti su questioni di politica, allocazione del bilancio o iniziative pubbliche, garantendo trasparenza e riducendo l'influenza degli intermediari.

Democracy.Earth è una piattaforma basata su blockchain che si concentra sulla governance decentralizzata. Consente agli individui di partecipare a votazioni sicure e trasparenti su questioni di governance utilizzando la tecnologia blockchain. L'approccio di Democracy.Earth consente ai cittadini di avere una voce diretta nei processi decisionali e promuove la trasparenza nella governance.

Proprietà Intellettuale

La proprietà intellettuale (IP) è cruciale per promuovere la creatività e l'innovazione. Tuttavia, i sistemi tradizionali per la protezione dei diritti di proprietà intellettuale spesso affrontano sfide come la pirateria, la contraffazione e processi di licenza inefficaci. La tecnologia blockchain è emersa come una potente soluzione per affrontare queste sfide, fornendo un quadro trasparente, immutabile e decentralizzato per la gestione e la protezione della proprietà intellettuale. Questa sezione esplora i casi d'uso della tecnologia blockchain nella proprietà intellettuale, evidenziando il suo impatto su aree come la protezione del copyright, la gestione dei diritti digitali e la distribuzione delle royalty.

La violazione del copyright e l'uso non autorizzato delle opere creative pongono sfide significative ai creatori di contenuti e ai titolari dei diritti. I meccanismi tradizionali di protezione del copyright spesso si basano su intermediari centralizzati, rendendo difficile dimostrare la proprietà, monitorare l'uso e far rispettare i diritti d'autore. Inoltre, le controversie internazionali sul copyright e la mancanza di un registro globale dei diritti d'autore complicano ulteriormente la protezione dei diritti di proprietà intellettuale.

La tecnologia blockchain offre una soluzione decentralizzata e trasparente per la protezione del copyright. Timestamppando e registrando le informazioni sul copyright sulla blockchain, si crea un registro permanente e immutabile della proprietà. Questo consente ai creatori di contenuti di stabilire la prova di paternità, monitorare l'uso delle loro opere e far rispettare i loro diritti d'autore in modo efficiente.

Mediachain è una piattaforma basata su blockchain che si concentra sulla protezione del copyright delle opere creative. Consente ai creatori di contenuti di registrare le loro opere sulla blockchain, creando un record verificabile della proprietà. L'approccio decentralizzato di Mediachain migliora la trasparenza e l'integrità della protezione del copyright, facilitando una giusta compensazione e licenza per i creatori.

La distribuzione e il consumo di contenuti digitali presentano sfide nella gestione e protezione dei diritti digitali. I sistemi tradizionali di gestione dei diritti digitali (DRM) sono spesso complessi, restrittivi e vulnerabili alla pirateria. La mancanza di trasparenza nel monitoraggio e nell'applicazione dei diritti digitali può comportare perdite di entrate e violazioni dei diritti di proprietà intellettuale.

La tecnologia blockchain offre una piattaforma trasparente e decentralizzata per la gestione e l'applicazione dei diritti digitali. Utilizzando smart contract e token digitali sulla blockchain, i creatori di contenuti possono definire e far rispettare i diritti d'uso, automatizzare la distribuzione delle royalty e garantire il monitoraggio trasparente dell'uso dei contenuti. I sistemi DRM basati su blockchain consentono una gestione sicura ed efficiente dei diritti digitali, proteggendo gli interessi dei creatori di contenuti.

Ujo Music è una piattaforma basata su blockchain che si concentra sulla gestione dei diritti digitali per l'industria musicale. Consente agli artisti di tokenizzare la loro musica e definire i diritti d'uso e i termini delle royalty attraverso smart contract. La piattaforma di Ujo Music garantisce una distribuzione trasparente e automatizzata delle royalty, consentendo agli artisti di avere il controllo sulle loro opere creative e di monetizzare i loro contenuti in modo più efficace.

I sistemi tradizionali di distribuzione delle royalty in settori come la musica, il cinema e l'editoria spesso soffrono di inefficienze, ritardi e mancanza di trasparenza. Intermediari complessi, processi manuali e discrepanze nei dati possono comportare pagamenti ritardati, dispute e difficoltà nel monitorare la distribuzione delle royalty ai titolari dei diritti.

La tecnologia blockchain fornisce una piattaforma decentralizzata e trasparente per la distribuzione delle royalty. Utilizzando smart contract e tokenizzazione, la blockchain consente il calcolo e la distribuzione automatizzati e in tempo reale delle royalty in base a termini predefiniti. I sistemi di distribuzione delle royalty basati su blockchain riducono gli intermediari, snelliscono i processi di pagamento e garantiscono una distribuzione trasparente e accurata delle royalty.

SingularDTV è una piattaforma basata su blockchain che si concentra sulla distribuzione delle royalty nell'industria dell'intrattenimento. Utilizza smart contract e token digitali per automatizzare e facilitare la distribuzione trasparente delle royalty ai titolari dei diritti. L'approccio di SingularDTV migliora l'efficienza e l'equità nella distribuzione delle royalty, garantendo che i creatori di contenuti ricevano la loro giusta quota di entrate.

La protezione dei brevetti comporta processi complessi, tra cui il deposito, l'esame e la concessione delle licenze. I sistemi tradizionali di gestione dei brevetti spesso mancano di trasparenza, comportano costi amministrativi elevati e affrontano sfide nella verifica della novità e della proprietà dei brevetti. Inoltre, il processo di concessione delle licenze dei brevetti può essere lungo e laborioso, ostacolando l'innovazione e il trasferimento tecnologico.

La tecnologia blockchain offre una piattaforma decentralizzata e trasparente per la gestione e la concessione delle licenze dei brevetti. Registrando le informazioni sui brevetti, inclusi le date di deposito, i registri di esame e gli accordi di licenza, sulla blockchain, si crea un record permanente e verificabile. Questo semplifica la gestione dei brevetti, migliora la trasparenza e facilita processi di concessione delle licenze efficienti.

IPCHAIN è una piattaforma basata su blockchain che si concentra sulla gestione e la concessione delle licenze di proprietà intellettuale. Consente l'archiviazione sicura delle informazioni sui brevetti sulla blockchain, garantendo la prova dell'esistenza e della proprietà. La piattaforma di IPCHAIN facilita la concessione efficiente delle licenze dei brevetti, promuove la collaborazione e riduce i costi di transazione nelle transazioni di proprietà intellettuale.

Settore Energetico

A causa della domanda di sistemi energetici affidabili ed efficienti, il settore energetico sta attraversando una transizione significativa. I sistemi energetici tradizionali affrontano sfide come la mancanza di trasparenza, processi inefficienti e controllo centralizzato. La tecnologia blockchain è emersa come uno strumento potente per affrontare queste sfide, fornendo un quadro decentralizzato, sicuro e trasparente per la gestione dell'energia. Questa sezione esplora i casi d'uso della tecnologia blockchain nel settore energetico, evidenziando il suo impatto su aree come il trading di energia peer-to-peer, la gestione della rete, i certificati di energia rinnovabile e la ricarica dei veicoli elettrici.

Il trading energetico tradizionale si basa su intermediari centralizzati, rendendo il processo inefficiente, costoso e limitato nella portata. I consumatori spesso hanno un controllo limitato sulle loro fonti di energia e non possono impegnarsi direttamente nel trading energetico. Inoltre, la mancanza di trasparenza e i costi elevati delle transazioni ostacolano l'integrazione delle fonti di energia rinnovabile e la partecipazione dei piccoli produttori di energia.

La tecnologia blockchain consente il trading di energia peer-to-peer fornendo una piattaforma decentralizzata e trasparente. Attraverso smart contract basati su blockchain, i produttori di energia possono vendere direttamente l'energia in eccesso ai consumatori, eliminando gli intermediari e riducendo i costi delle transazioni. Il trading energetico basato su blockchain promuove l'integrazione delle fonti di energia rinnovabile, migliora l'efficienza energetica e consente ai consumatori di partecipare attivamente al mercato dell'energia.

Power Ledger è una piattaforma basata su blockchain che facilita il trading di energia peer-to-peer. Permette agli utenti di acquistare e vendere energia rinnovabile utilizzando token basati su blockchain. La piattaforma di Power Ledger consente transazioni energetiche trasparenti ed efficienti, promuovendo l'adozione dell'energia rinnovabile e favorendo un mercato energetico decentralizzato.

La gestione tradizionale della rete energetica affronta sfide legate alla congestione della rete, alla mancanza di informazioni in tempo reale e alla coordinazione inefficiente dell'offerta e della domanda di energia. Inoltre, l'integrazione delle fonti di energia distribuita come celle solari o turbine eoliche può essere difficile e richiedere miglioramenti infrastrutturali significativi.

La tecnologia blockchain offre una piattaforma decentralizzata e sicura per la gestione della rete. Utilizzando smart contract basati su blockchain, la rete energetica può automatizzare processi come il bilanciamento dell'energia, la risposta alla domanda e l'ottimizzazione della rete in tempo reale. La gestione della rete basata su blockchain migliora l'efficienza energetica, riduce la congestione della rete e consente l'integrazione senza problemi delle risorse energetiche distribuite.

WePower è una piattaforma basata su blockchain che si concentra sull'integrazione e la gestione della rete energetica rinnovabile. Permette ai produttori di energia rinnovabile di tokenizzare la loro produzione energetica e di venderla direttamente ai consumatori. La piattaforma di WePower sfrutta la tecnologia blockchain per garantire transazioni energetiche trasparenti e una gestione efficiente della rete, promuovendo l'integrazione dell'energia rinnovabile nella rete.

I certificati di energia rinnovabile (REC) svolgono un ruolo cruciale nella verifica e nel tracciamento della generazione e del consumo di energia rinnovabile. Tuttavia, i sistemi REC tradizionali spesso mancano di trasparenza, affrontano sfide nel tracciamento e nella verifica delle fonti di energia rinnovabile e sono suscettibili a frodi o conteggi doppi.

La tecnologia blockchain fornisce una piattaforma trasparente e immutabile per il tracciamento e la verifica dei certificati di energia rinnovabile. Registrando i dati di generazione e consumo di energia rinnovabile sulla blockchain, si crea un registro permanente e verificabile. I REC basati su blockchain migliorano la trasparenza, eliminano il rischio di frodi e promuovono la fiducia nel mercato dell'energia rinnovabile.

Environmental Attribute Hub è una piattaforma basata su blockchain che si concentra sui certificati di energia rinnovabile. Utilizza la tecnologia blockchain per creare un registro trasparente e tracciabile della generazione e del consumo di energia rinnovabile. La piattaforma di Environmental Attribute Hub garantisce il tracciamento accurato dei REC, migliora l'integrità del mercato e semplifica il trading degli attributi di energia rinnovabile.

L'adozione dei veicoli elettrici (EV) richiede un'infrastruttura di ricarica efficiente e affidabile. Tuttavia, sfide come l'interoperabilità, i sistemi di pagamento e l'accesso alle stazioni di ricarica ostacolano l'integrazione senza problemi dei veicoli elettrici nella rete energetica. Inoltre, la mancanza di trasparenza nelle transazioni di ricarica e nell'uso dell'energia può portare a inefficienze.

La tecnologia blockchain fornisce una piattaforma decentralizzata e sicura per la gestione della ricarica dei veicoli elettrici. Utilizzando smart contract basati su blockchain e portafogli digitali, i proprietari di veicoli elettrici possono accedere alle stazioni di ricarica, automatizzare i pagamenti e tracciare l'uso dell'energia in modo trasparente. I sistemi di ricarica dei veicoli elettrici basati su blockchain migliorano l'interoperabilità, semplificano i processi di pagamento e consentono una gestione efficiente dell'energia.

eMotorWerks, una filiale del Gruppo Enel, è una piattaforma basata su blockchain che si concentra sull'infrastruttura di ricarica dei veicoli elettrici. Sfrutta la tecnologia blockchain per consentire l'accesso sicuro ed efficiente alle stazioni di ricarica, il pagamento e la gestione dell'energia. La piattaforma di eMotorWerks migliora la comodità e l'affidabilità della ricarica dei veicoli elettrici, supportando l'adozione di massa dei veicoli elettrici.

CAPITOLO VII

Sfide e Limitazioni della Blockchain

Scalabilità

La tecnologia blockchain ha attirato notevole attenzione per il suo potenziale di rivoluzionare vari settori. Offre soluzioni decentralizzate, trasparenti e sicure per affrontare numerose sfide. Tuttavia, con l'espansione dell'adozione della blockchain, il problema della scalabilità è emerso come una sfida critica. La scalabilità di una rete blockchain si riferisce alla sua capacità di gestire in modo efficiente un numero crescente di utenti e transazioni. Questa sezione esplora le sfide e le limitazioni della scalabilità nella tecnologia blockchain, evidenziando l'impatto sul throughput delle transazioni, la congestione della rete e i requisiti di risorse.

Le reti blockchain hanno registrato una crescita sostanziale, guidata dall'aumento dell'adozione e dalla proliferazione di applicazioni decentralizzate (dApps). Questa crescita ha portato a un aumento esponenziale del numero di transazioni e utenti, evidenziando la necessità di soluzioni scalabili.

La scalabilità nella blockchain è spesso misurata da tre principali metriche: throughput delle transazioni, capacità della rete e tempo di risposta. Il throughput delle transazioni si riferisce al numero di transazioni che una rete blockchain può elaborare al secondo. La capacità della rete riguarda la capacità di gestire un numero crescente di nodi e partecipanti. Il tempo di risposta riflette la velocità con cui le transazioni sono confermate e incluse nei blocchi.

Per il funzionamento delle reti blockchain, sono essenziali meccanismi di consenso come Proof of Work (PoW) e Proof of Stake (PoS). Tuttavia, questi introducono sfide di scalabilità. Il PoW richiede risorse computazionali significative e calcoli che richiedono tempo, limitando il throughput delle transazioni. Il PoS, pur essendo più efficiente dal punto di vista energetico, può ancora affrontare sfide con l'aumentare del numero di partecipanti.

La dimensione del blocco e il tempo di conferma del blocco influiscono direttamente sul throughput delle transazioni e sulla capacità della rete. Nel caso della blockchain di Bitcoin, ad esempio, la dimensione del blocco è limitata a 1 MB, portando a una limitazione del throughput delle transazioni. Allo stesso modo, tempi di conferma del blocco più lunghi possono causare ritardi e ostacolare la scalabilità.

Con la crescente popolarità delle reti blockchain, la congestione della rete e la latenza diventano sfide importanti. L'aumento dei volumi di transazioni può sovraccaricare la rete, causando ritardi nelle conferme delle transazioni e costi più elevati. Ethereum, ad esempio, ha sperimentato una significativa congestione della rete durante i periodi di alta domanda.

Le soluzioni di scalabilità off-chain mirano a ridurre il carico sulla rete blockchain conducendo determinate transazioni off-chain. I canali di pagamento, come Lightning Network per Bitcoin e state channels per Ethereum, consentono un alto volume di transazioni senza intasare la blockchain principale. La scalabilità off-chain migliora il throughput delle transazioni e riduce i costi.

Lo sharding è una tecnica che divide la rete blockchain in sottogruppi più piccoli, o shard, ciascuno in grado di elaborare le proprie transazioni. Distribuendo il carico di lavoro tra più shard, il throughput delle transazioni e la capacità della rete possono essere significativamente aumentati. Tuttavia, lo sharding introduce complessità relative alla coordinazione degli shard e alla disponibilità dei dati.

Le soluzioni layer-2 si basano sulle blockchain esistenti per migliorare la scalabilità. Queste soluzioni, come sidechains e state channels, consentono un'elaborazione delle transazioni più rapida ed efficiente. Spostando alcune operazioni fuori dalla blockchain principale, le soluzioni layer-2 alleviano la congestione e migliorano la scalabilità senza compromettere la sicurezza.

Raggiungere un'elevata scalabilità spesso richiede di compromettere il livello di decentralizzazione. Soluzioni come la scalabilità off-chain e lo sharding introducono rischi di centralizzazione, poiché si affidano a intermediari fidati o a sottoinsiemi limitati di nodi. Trovare un equilibrio tra scalabilità e decentralizzazione è cruciale per mantenere i principi fondamentali della tecnologia blockchain.

Alcune soluzioni di scalabilità introducono compromessi in termini di sicurezza e meccanismi di consenso. La scalabilità off-chain, ad esempio, si basa su intermediari fidati, che possono rappresentare rischi per la sicurezza. Modificare i meccanismi di consenso per migliorare la scalabilità può influire sulle garanzie di sicurezza della rete e sulla resilienza agli attacchi.

L'adozione di nuove soluzioni di scalabilità richiede coordinazione tra diversi stakeholder e consenso tra le reti blockchain. Raggiungere l'interoperabilità tra varie piattaforme blockchain presenta sfide, poiché diverse soluzioni di scalabilità potrebbero non essere compatibili o facilmente integrate.

I miglioramenti del protocollo layer-1 mirano a migliorare la scalabilità a livello di base delle reti blockchain. Sforzi come il passaggio di Ethereum 2.0 a un meccanismo di consenso PoS e l'aumento dei limiti di dimensione del blocco possono migliorare significativamente il throughput delle transazioni e la capacità della rete.

Sviluppare nuovi meccanismi di consenso che bilanciano scalabilità, sicurezza e decentralizzazione è un'area di ricerca attiva. Protocolli come Proof of Elapsed Time (PoET) e Practical Byzantine Fault Tolerance (PBFT) mirano a fornire un throughput delle transazioni più elevato senza compromettere l'integrità della rete.

Le soluzioni ibride combinano più approcci di scalabilità per superare le loro singole limitazioni. Sfruttando una combinazione di scalabilità off-chain, sharding e soluzioni layer-2, le reti blockchain possono raggiungere una maggiore scalabilità mantenendo la sicurezza e la decentralizzazione in misura significativa.

Privacy e Riservatezza

La tecnologia blockchain ha attirato notevole attenzione per il suo potenziale di rivoluzionare vari settori offrendo soluzioni decentralizzate, trasparenti e sicure. Tuttavia, con l'espansione dell'adozione della blockchain, sono emerse preoccupazioni riguardo alla privacy e alla riservatezza come sfide critiche. La trasparenza intrinseca della blockchain pone sfide uniche quando si tratta di proteggere i dati sensibili e mantenere la privacy degli utenti. Questa sezione esplora le sfide e le limitazioni della privacy e della riservatezza nella tecnologia blockchain, evidenziando il loro impatto sulla protezione dei dati personali, sulla privacy delle transazioni e sulla conformità normativa.

La trasparenza è una caratteristica fondamentale della tecnologia blockchain. Ogni transazione registrata sulla blockchain è visibile a tutti i partecipanti della rete. Questa trasparenza aumenta la fiducia, facilita l'auditabilità e riduce la dipendenza dagli intermediari.

La trasparenza della blockchain pone sfide nella protezione dei dati personali. Memorizzare informazioni sensibili sulla blockchain può esporre dettagli personali alla visione pubblica, potenzialmente compromettendo la privacy. La conformità alle normative sulla protezione dei dati, come il Regolamento Generale sulla Protezione dei Dati (GDPR), diventa complessa in questo contesto.

Le blockchain pubbliche, come Bitcoin ed Ethereum, memorizzano i dati delle transazioni su un registro pubblico, rendendoli visibili a chiunque. Sebbene vengano utilizzati pseudonimi per proteggere le identità degli utenti, i modelli di transazione e i metadati associati possono ancora rivelare informazioni sensibili, sollevando preoccupazioni sulla privacy.

Le reti blockchain spesso utilizzano pseudonimi per mascherare le identità del mondo reale dei partecipanti.

Tuttavia, la natura pseudonima delle transazioni blockchain non garantisce un'anonimità completa. Tecniche di analisi avanzate e la forensica della blockchain possono potenzialmente de-anonimizzare gli utenti e collegare le transazioni a identità reali.

La natura trasparente della blockchain pone sfide quando si tratta di condurre transazioni riservate. Transazioni commerciali riservate, segreti industriali e informazioni finanziarie sensibili possono essere esposti sulla blockchain, il che è problematico per determinate industrie o applicazioni che richiedono riservatezza.

Le prove a conoscenza zero sono impiegate dalla criptovaluta incentrata sulla privacy Zcash per aumentare la privacy delle transazioni. Utilizzando tecniche crittografiche avanzate, Zcash consente agli utenti di transare in modo privato pur garantendo l'integrità della blockchain.

La tecnologia blockchain pone sfide nella conformità alle normative sulla protezione dei dati, come il GDPR. La natura immutabile della blockchain rende difficile modificare o cancellare i dati personali, come richiesto da alcune normative. Garantire il consenso dell'utente, la minimizzazione dei dati e il diritto all'oblio diventa più complesso nel contesto della blockchain.

Le transazioni finanziarie sulla blockchain possono affrontare sfide nella conformità alle normative, come i requisiti Know Your Customer (KYC) e Anti-Money Laundering (AML). La natura pseudonima delle transazioni blockchain rende difficile identificare le parti coinvolte e verificare le loro identità, ostacolando gli sforzi di conformità.

Le blockchain autorizzate, a differenza delle blockchain pubbliche, limitano l'accesso e la partecipazione a entità conosciute. Implementando controlli di accesso e meccanismi di verifica dell'identità, le blockchain autorizzate offrono maggiore flessibilità nel conformarsi ai requisiti normativi pur sfruttando i benefici della tecnologia blockchain.

Le tecniche per migliorare la privacy nella blockchain, come la crittografia o le prove a conoscenza zero, possono introdurre compromessi in termini di scalabilità. Queste tecniche richiedono risorse computazionali aggiuntive e possono aumentare i tempi di elaborazione delle transazioni, influenzando la scalabilità complessiva della rete blockchain.

I meccanismi di consenso distribuiti, come Proof of Work (PoW) e Proof of Stake (PoS), richiedono la validazione delle transazioni da parte dei partecipanti della rete. Questo processo di validazione tipicamente comporta la condivisione dei dettagli delle transazioni, potenzialmente compromettendo la privacy delle transazioni.

Le monete per la privacy, come Monero e Dash, si concentrano sul miglioramento della privacy e della riservatezza impiegando tecniche crittografiche avanzate. Queste criptovalute incentrate sulla privacy offrono funzionalità di anonimato, inclusi dettagli di transazione riservati e transazioni offuscate, per proteggere la privacy degli utenti.

La ricerca continua mira a sviluppare tecnologie per migliorare la privacy specificamente progettate per le reti blockchain. Tecniche come le prove a conoscenza zero, le firme ad anello e le computazioni multipartitiche sicure possono abilitare transazioni private mantenendo la trasparenza e l'integrità della blockchain.

Le soluzioni di identità decentralizzate cercano di affrontare le sfide della protezione dei dati personali nelle reti blockchain. Consentendo agli individui di controllare le proprie identità e di determinare quali dati condividere, le soluzioni di identità decentralizzate mirano a migliorare la privacy mantenendo i benefici della tecnologia blockchain.

Lo sviluppo di quadri giuridici e normativi specificamente progettati per la tecnologia blockchain è cruciale per affrontare le preoccupazioni sulla privacy. Tali quadri dovrebbero trovare un equilibrio tra la protezione della privacy degli utenti e l'abilitazione alla conformità con le normative sulla protezione dei dati e sulle finanze.

Considerazioni Regolatorie e Legali

Una forza dirompente con il potenziale di trasformare molti settori sta emergendo: la tecnologia blockchain. Tuttavia, a causa della sua natura decentralizzata e internazionale, la blockchain presenta sfide e limitazioni uniche in termini di questioni legali e normative. Questa sezione esamina le difficoltà e le limitazioni dei quadri giuridici e normativi nel contesto della tecnologia blockchain, enfatizzando i loro effetti sulla sicurezza dei dati, i vincoli territoriali, l'applicabilità dei contratti intelligenti e l'adesione alle normative esistenti.

La trasparenza e l'immutabilità della blockchain sollevano interrogativi riguardanti la sicurezza dei dati e la privacy. Le normative sulla protezione dei dati, come il Regolamento Generale sulla Protezione dei Dati (GDPR), che impongono che le persone abbiano il controllo sui propri dati personali, possono essere in conflitto con l'archiviazione di dati sensibili e privati sulla blockchain.

L'equilibrio tra anonimato e pseudonimato nelle transazioni blockchain presenta sfide nell'identificare le persone coinvolte. Sebbene l'uso di pseudonimi protegga le identità nel mondo reale, può ostacolare gli sforzi normativi per combattere attività illegali, riciclaggio di denaro e finanziamento del terrorismo.

Le privacy coins, come Monero e Zcash, utilizzano tecniche crittografiche avanzate per aumentare la privacy delle transazioni. Sebbene offrano maggiore privacy e anonimato, il loro utilizzo solleva preoccupazioni tra i regolatori a causa del loro potenziale uso improprio in attività illecite.

La blockchain opera oltre i confini e le giurisdizioni, ponendo sfide ai regolatori nell'applicazione delle leggi esistenti. La natura decentralizzata delle reti blockchain rende difficile identificare la giurisdizione responsabile della regolamentazione e del governo delle transazioni e delle entità.

I diversi paesi hanno quadri normativi e approcci differenti alla tecnologia blockchain. Questa mancanza di armonizzazione porta a frammentazione normativa e incoerenze, rendendo difficile per le imprese navigare nei requisiti legali e operare a livello globale.

Le Initial Coin Offerings (ICO), che consentono la raccolta di fondi basata su blockchain, spesso affrontano sfide normative a causa della loro natura transfrontaliera. Diverse giurisdizioni classificano le ICO in modo diverso, portando a incertezza normativa e potenziali conflitti nella conformità con le normative sui titoli.

I contratti intelligenti, che sono accordi auto-esecutivi basati sulla tecnologia blockchain, sollevano domande sulla loro applicabilità legale. I sistemi giuridici tradizionali potrebbero non riconoscere esplicitamente i contratti intelligenti, rendendo difficile determinare il loro stato legale e la loro applicabilità.

Il concetto di "codice come legge" si riferisce all'idea che i contratti intelligenti siano auto-esecutivi e applicabili in base al codice sottostante. Tuttavia, possono sorgere conflitti tra il codice del contratto intelligente e i requisiti legali, portando a sfide nella determinazione del quadro giuridico di riferimento.

L'hack del DAO (Decentralized Autonomous Organization) nel 2016 ha evidenziato le sfide dell'applicabilità dei contratti intelligenti. L'exploit ha portato alla perdita di milioni di dollari, sollevando interrogativi sulla responsabilità legale e sulle responsabilità degli sviluppatori e degli utenti in tali casi.

La natura pseudonima della blockchain solleva sfide nella conformità con le normative AML e KYC, che richiedono l'identificazione e la verifica dei partecipanti. La mancanza di metodi di identificazione tradizionali sulla blockchain complica gli sforzi di conformità.

Le attività finanziarie basate su blockchain, come gli scambi di criptovalute, affrontano sfide nella conformità con le normative finanziarie esistenti. Le normative relative ai titoli, alla trasmissione di denaro e alla protezione degli investitori potrebbero non tenere conto esplicitamente della tecnologia blockchain, portando ad ambiguità legali e sfide di conformità.

I sandbox normativi, istituiti da alcune giurisdizioni, mirano a favorire l'innovazione offrendo un ambiente controllato per le startup blockchain per testare i loro prodotti e servizi. Questi sandbox consentono ai regolatori di collaborare con le imprese, comprendere meglio la tecnologia e sviluppare quadri normativi su misura.

Incoraggiare la cooperazione internazionale e l'armonizzazione normativa è cruciale per affrontare le sfide e le limitazioni della tecnologia blockchain. Stabilire quadri e linee guida comuni può favorire l'innovazione transfrontaliera e la conformità ai requisiti normativi.

Le normative dovrebbero mirare ad essere neutrali rispetto alla tecnologia, concentrandosi sulle attività e sui rischi sottostanti piuttosto che sulle tecnologie specifiche. Questo approccio consente flessibilità e adattabilità man mano che la tecnologia blockchain continua ad evolversi.

Gli sforzi collaborativi tra il settore pubblico e privato sono fondamentali per sviluppare quadri normativi efficaci. Coinvolgere le parti interessate, comprese le imprese blockchain, gli esperti legali e gli organismi di regolamentazione, promuove il dialogo e la comprensione, portando a normative più informate ed equilibrate.

Consumo di Energia

La tecnologia blockchain ha attirato molta attenzione per il suo potenziale di rivoluzionare vari settori. Tuttavia, l'adozione diffusa della blockchain pone sfide uniche legate al consumo energetico. La natura decentralizzata e computazionalmente intensiva delle reti blockchain richiede ingenti risorse di calcolo ed energia. Questa sezione esplora le sfide e le limitazioni del consumo energetico nella tecnologia blockchain, evidenziando l'impatto ambientale, le preoccupazioni sulla scalabilità e gli sforzi per migliorare l'efficienza energetica.

Le reti blockchain che si basano sul meccanismo di consenso Proof of Work (PoW), come Bitcoin, richiedono una notevole potenza computazionale per risolvere complessi puzzle matematici. I miner competono per trovare la soluzione, il che richiede risorse computazionali significative e porta a un elevato consumo energetico.

Il consumo energetico associato alle reti blockchain ha sollevato preoccupazioni riguardo al suo impatto ambientale. La maggior parte delle fonti energetiche utilizzate per il mining blockchain si basa sui combustibili fossili, risultando in emissioni di carbonio e contribuendo al cambiamento climatico.

Bitcoin, come la rete blockchain più conosciuta, è spesso criticata per il suo significativo consumo energetico. Secondo alcune stime, l'energia consumata dalla rete

Bitcoin è paragonabile al consumo energetico di interi paesi, sollevando preoccupazioni sulla sostenibilità.

Il consumo energetico delle reti blockchain diventa una preoccupazione maggiore man mano che aumenta il throughput delle transazioni. Volumi di transazioni più elevati richiedono maggiori risorse computazionali ed energetiche, potenzialmente portando a un aumento del consumo energetico.

Le soluzioni di scalabilità, come l'off-chain scaling e lo sharding, mirano a migliorare il throughput delle transazioni. Tuttavia, queste soluzioni possono introdurre compromessi in termini di efficienza energetica. Ad esempio, l'off-chain scaling può richiedere risorse computazionali ed energetiche aggiuntive per supportare le transazioni off-chain.

La seconda rete blockchain più grande, Ethereum, sta passando dal Proof of Work (PoW) al meccanismo di consenso Proof of Stake (PoS), che è più efficiente dal punto di vista energetico. Il PoS richiede significativamente meno potenza computazionale, portando a una riduzione del consumo energetico e affrontando le preoccupazioni sulla scalabilità.

Lo sviluppo di meccanismi di consenso efficienti dal punto di vista energetico è un'area di ricerca attiva nella tecnologia blockchain. Meccanismi di consenso alternativi, come Proof of Stake e Proof of Authority, cercano di ridurre il consumo energetico eliminando le computazioni che richiedono molte risorse.

Gli effetti ambientali negativi della tecnologia blockchain possono essere ridotti trasferendo le reti blockchain a funzionare con fonti di energia rinnovabile, come l'energia solare o eolica. L'utilizzo di energie rinnovabili per le operazioni di mining riduce le emissioni di carbonio e promuove la sostenibilità.

Sono emerse varie iniziative blockchain verdi per affrontare le sfide del consumo energetico della tecnologia blockchain. Queste iniziative si concentrano sulla promozione dell'uso di energia rinnovabile, sulla compensazione delle emissioni di carbonio e sullo sviluppo di infrastrutture blockchain sostenibili.

Progettare tokenomics e meccanismi di incentivo che premiano comportamenti efficienti dal punto di vista energetico può incoraggiare i miner e i validatori ad adottare pratiche di risparmio energetico. Strutture di ricompensa che considerano l'efficienza energetica come un criterio promuovono la sostenibilità nelle reti blockchain.

Condurre audit energetici e certificare le reti blockchain in base al loro consumo energetico può migliorare la trasparenza e la responsabilità. I programmi di certificazione energetica possono incentivare i progetti blockchain a ridurre il loro consumo energetico e ad adottare pratiche più efficienti.

Chia Network è un progetto blockchain che mira ad affrontare le sfide del consumo energetico del consenso PoW. Chia Network utilizza un nuovo meccanismo di consenso chiamato Proof of Space and Time, che si basa sullo spazio disponibile sul disco anziché sulla potenza computazionale, riducendo il consumo energetico.

Affrontare le sfide del consumo energetico della tecnologia blockchain richiede la collaborazione tra vari stakeholder, tra cui sviluppatori blockchain, miner, politici e organizzazioni ambientali. La collaborazione favorisce lo scambio di conoscenze, promuove le migliori pratiche e facilita lo sviluppo di soluzioni efficienti dal punto di vista energetico.

Stabilire standard e linee guida industriali per il consumo energetico nelle reti blockchain può promuovere la sostenibilità e la responsabilità ambientale. Questi standard possono definire parametri di riferimento per l'efficienza energetica, incoraggiare la trasparenza nella rendicontazione del consumo energetico e supportare un dispiegamento responsabile della blockchain.

Interoperabilità

La tecnologia blockchain ha guadagnato molta attenzione per il suo potenziale di trasformare le industrie attraverso la decentralizzazione, la trasparenza e la sicurezza. Tuttavia, man mano che l'adozione della blockchain si espande, la questione dell'interoperabilità è emersa come una sfida critica. L'interoperabilità è la capacità di diverse reti blockchain di interagire, scambiarsi dati e comunicare tra loro in modo fluido. Questa sezione esplora le sfide e le limitazioni dell'interoperabilità nella tecnologia blockchain, evidenziando l'impatto sulla condivisione dei dati, le transazioni cross-chain e lo sviluppo di un ecosistema blockchain connesso.

L'ecosistema blockchain è composto da numerose reti blockchain, ognuna con i propri protocolli, meccanismi di consenso e strutture dati. Questa frammentazione pone sfide nel raggiungere una comunicazione fluida e l'interoperabilità tra le diverse piattaforme blockchain.

L'interoperabilità consente lo scambio di informazioni e risorse tra diverse reti blockchain. Favorisce la collaborazione, consente le transazioni cross-chain e migliora l'efficienza complessiva e l'usabilità della tecnologia blockchain.

I trasferimenti di token cross-chain si riferiscono alla capacità di trasferire token senza problemi tra diverse reti blockchain. Raggiungere l'interoperabilità cross-chain può sbloccare nuove possibilità per le applicazioni di finanza decentralizzata (DeFi), consentendo trasferimenti di asset senza interruzioni e liquidità attraverso più blockchain.

Le diverse reti blockchain impiegano architetture, meccanismi di consenso e linguaggi di smart contract variabili, rendendo difficile stabilire protocolli di interoperabilità. I problemi di incompatibilità sorgono a causa delle differenze nella rappresentazione dei dati, nei formati delle transazioni e negli algoritmi crittografici.

Raggiungere l'interoperabilità su larga scala introduce sfide legate al throughput delle transazioni, alla latenza della rete e alle risorse computazionali. Garantire una comunicazione e un trasferimento dei dati efficienti tra più blockchain senza compromettere la scalabilità è una sfida tecnica significativa.

Polkadot è una piattaforma blockchain che affronta le sfide dell'interoperabilità fornendo un framework per collegare e comunicare tra diverse blockchain. Il suo design consente la creazione di parachain, blockchain specializzate che possono interagire con la rete Polkadot, facilitando l'interoperabilità e la scalabilità.

L'assenza di standard di interoperabilità ampiamente accettati ostacola l'integrazione fluida di diverse reti blockchain. Lo sviluppo di protocolli comuni, formati dati e standard di comunicazione è cruciale per raggiungere l'interoperabilità.

Stabilire modelli di governance che consentano la collaborazione, il processo decisionale e gli aggiornamenti dei protocolli tra diverse reti blockchain è essenziale per raggiungere l'interoperabilità. La collaborazione nei framework di governance può aiutare a affrontare le sfide tecniche e politiche.

La Enterprise Ethereum Alliance (EEA) è una collaborazione di aziende blockchain, imprese e startup che mira a definire e sviluppare standard interoperabili per le applicazioni basate su Ethereum. La EEA si concentra sulla promozione dell'interoperabilità, della scalabilità e dei miglioramenti della privacy all'interno dell'ecosistema Ethereum.

Raggiungere l'interoperabilità solleva preoccupazioni sulla sicurezza, come la possibilità che attori malintenzionati possano compromettere altre reti blockchain sfruttando le vulnerabilità di una rete. Garantire una comunicazione sicura, l'integrità dei dati e la protezione contro gli attacchi sono sfide critiche.

L'interoperabilità trustless, dove le reti blockchain possono interagire senza fare affidamento su intermediari, è un principio fondamentale. Stabilire meccanismi trustless per la comunicazione cross-chain e i trasferimenti di asset richiede protocolli crittografici e meccanismi di consenso robusti.

Cosmos è una rete di blockchain interconnesse che mira a fornire interoperabilità sicura e scalabile. Utilizza un protocollo chiamato Inter-Blockchain Communication (IBC), che consente il trasferimento sicuro di asset e dati tra diverse blockchain all'interno dell'ecosistema Cosmos.

Le sfide dell'interoperabilità si estendono oltre gli aspetti tecnici per includere considerazioni regolamentari e legali. Garantire la conformità alle leggi, ai regolamenti e ai requisiti di privacy dei dati di diverse giurisdizioni pone sfide quando si scambiano dati e asset tra le reti blockchain.

L'interoperabilità delle reti blockchain solleva questioni sui diritti di proprietà intellettuale e sulle licenze. Determinare la proprietà, i diritti di utilizzo e gli accordi di licenza in un ecosistema blockchain connesso richiede framework legali che affrontino queste considerazioni.

La European Blockchain Services Infrastructure (EBSI) è un'iniziativa della Commissione Europea che mira a stabilire l'interoperabilità tra le reti blockchain europee. Si concentra sulla fornitura di servizi pubblici transfrontalieri utilizzando la tecnologia blockchain, affrontando al contempo le sfide legali e regolamentari.

CAPITOLO VIII

Adozione e Tendenze Future della Blockchain

Adozione Industriale

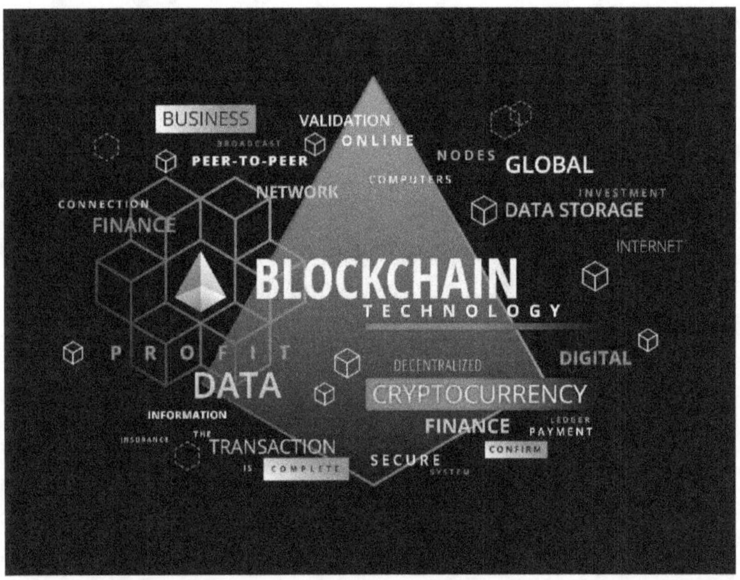

La tecnologia blockchain ha guadagnato molta attenzione per il suo potenziale di trasformare le industrie in tutto il mondo. La blockchain offre soluzioni decentralizzate, trasparenti e sicure che potrebbero cambiare le pratiche aziendali di lunga data in numerosi settori, tra cui i servizi finanziari e la gestione della catena di approvvigionamento. Questa sezione esplora l'adozione della tecnologia blockchain nell'industria, evidenziandone l'impatto su vari settori, le sfide per un'adozione diffusa e il potenziale di crescita futura.

La tecnologia blockchain fornisce una piattaforma sicura ed efficiente per le transazioni finanziarie. Eliminando gli intermediari, riducendo i costi e migliorando la trasparenza, la blockchain ha il potenziale di semplificare i sistemi di pagamento, le rimesse transfrontaliere e le transazioni peer-to-peer.

Le applicazioni DeFi sfruttano la tecnologia blockchain per fornire alternative decentralizzate ai servizi finanziari tradizionali. Gli smart contract abilitano funzionalità come il prestito, il prestito e gli scambi decentralizzati, consentendo agli utenti di accedere ai servizi finanziari direttamente senza affidarsi a intermediari.

La blockchain offre una maggiore visibilità e tracciabilità lungo tutta la catena di approvvigionamento. Registrando ogni transazione e movimento di merci su un registro immutabile, la blockchain consente una gestione sicura e trasparente della catena di approvvigionamento, riducendo le frodi, la contraffazione e migliorando la provenienza dei prodotti.

La blockchain è stata utilizzata per affrontare le preoccupazioni sulla sicurezza alimentare consentendo la tracciabilità end-to-end. Registrando ogni passaggio nella catena di approvvigionamento, dalla fattoria alla tavola, la blockchain consente ai consumatori di verificare l'origine, la qualità e la sicurezza dei prodotti alimentari, aumentando la fiducia e riducendo le malattie di origine alimentare.

Nel settore sanitario, la tecnologia blockchain offre il potenziale per migliorare l'integrità e l'interoperabilità dei dati. Archiviando in modo sicuro le cartelle cliniche dei pazienti, garantendo la privacy dei dati e consentendo la condivisione senza interruzioni dei dati, la blockchain può migliorare il coordinamento delle cure, la ricerca clinica e la sicurezza delle cartelle cliniche elettroniche.

La blockchain può facilitare la condivisione sicura e trasparente dei dati di ricerca medica e semplificare il processo di sperimentazione clinica. Garantendo l'integrità dei dati, proteggendo la privacy dei pazienti e consentendo la condivisione sicura dei dati, la blockchain migliora la collaborazione, accelera le scoperte mediche e migliora i risultati dei pazienti.

La tecnologia blockchain può abilitare soluzioni di identità decentralizzate e autosovrane. Fornendo agli individui il controllo sulle loro identità digitali e riducendo la dipendenza dalle autorità centralizzate, la blockchain migliora la privacy, la sicurezza e l'interoperabilità nella gestione delle identità.

Fornendo identità legali alle persone emarginate, le soluzioni di identità digitale basate su blockchain hanno il potenziale per aumentare l'accesso ai benefici governativi, all'assistenza sanitaria e ai servizi finanziari. Consentendo agli individui di avere identità sicure e portatili, la blockchain affronta le barriere legate all'identità e promuove l'inclusione.

La blockchain affronta sfide di scalabilità per gestire un volume significativo di transazioni e utenti. I costi elevati delle transazioni, la congestione della rete e la limitata capacità di throughput delle transazioni sono ostacoli all'adozione diffusa. Le soluzioni di scalabilità, come i protocolli di livello 2 e lo sharding, vengono esplorate per affrontare queste sfide.

L'evoluzione del panorama normativo presenta sfide all'adozione della tecnologia blockchain. La conformità alle normative sulla protezione dei dati, alle normative finanziarie e ai quadri legali transfrontalieri richiede un equilibrio tra innovazione e conformità normativa. Gli sforzi collaborativi tra i partecipanti all'industria e i legislatori sono essenziali per sviluppare quadri normativi adeguati.

L'interoperabilità tra diverse reti blockchain e la standardizzazione dei protocolli sono cruciali per un'integrazione senza interruzioni e un'adozione diffusa. Gli sforzi per stabilire standard di interoperabilità e promuovere la collaborazione tra le reti blockchain sono in corso per superare le barriere degli ecosistemi blockchain isolati.

La tecnologia blockchain ha il potenziale di lavorare insieme a tecnologie innovative come il cloud computing, l'intelligenza artificiale e l'internet delle cose (IoT). Le sinergie con queste tecnologie possono sbloccare nuove opportunità, migliorare l'efficienza e guidare l'innovazione in vari settori.

Governi e istituzioni di tutto il mondo stanno riconoscendo il potenziale della tecnologia blockchain ed esplorando le sue applicazioni. Iniziative come le valute digitali nazionali, i sistemi di governance basati su blockchain e le collaborazioni pubblico-private indicano l'interesse crescente e l'adozione della blockchain a livello sistemico.

Le banche centrali stanno esplorando lo sviluppo di valute digitali (CBDC) utilizzando la tecnologia blockchain. I potenziali benefici delle CBDC includono una maggiore inclusione finanziaria, il commercio internazionale semplificato e una politica monetaria più efficace.

Iniziative Governative

La tecnologia blockchain ha catturato l'attenzione dei governi di tutto il mondo per il suo potenziale di rivoluzionare i servizi pubblici, migliorare la trasparenza e guidare la trasformazione digitale. I governi stanno sempre più esplorando iniziative basate sulla blockchain per snellire i processi, migliorare l'efficienza e favorire la fiducia tra i cittadini. Questa sezione esplora le iniziative governative nell'adozione della tecnologia blockchain, evidenziandone l'impatto sulla governance, sui servizi pubblici, sulla gestione delle identità e sulle sfide nell'implementazione.

La tecnologia blockchain consente una registrazione trasparente e immutabile, riducendo i rischi di corruzione e migliorando la fiducia del pubblico nelle istituzioni governative. Fornendo un registro verificabile e a prova di manomissione, la blockchain può migliorare la governance e garantire responsabilità.

I governi stanno esplorando la blockchain per i sistemi di registrazione dei terreni al fine di garantire transazioni immobiliari sicure e trasparenti. La natura decentralizzata della blockchain consente la registrazione della proprietà, dei trasferimenti e dei titoli di proprietà, riducendo le controversie e aumentando l'efficienza nell'amministrazione dei terreni.

I governi stanno utilizzando la blockchain per sviluppare sistemi di identità sicuri e autosovrani. Le soluzioni di identità digitale basate sulla blockchain consentono agli individui di controllare i propri dati personali, migliorando la privacy e semplificando i processi di verifica dell'identità.

Il programma e-Residency dell'Estonia sfrutta la tecnologia blockchain per fornire identità digitali ai non residenti, consentendo l'accesso ai servizi governativi estoni e promuovendo un ambiente imprenditoriale digitale. Il programma dimostra il potenziale della blockchain nella gestione delle identità transfrontaliere.

La blockchain può ottimizzare i processi di approvvigionamento pubblico fornendo trasparenza, tracciabilità e automazione. Gli smart contract possono automatizzare gli accordi di approvvigionamento, garantendo la conformità, riducendo le frodi e migliorando l'efficienza nell'approvvigionamento governativo.

La Commissione Nazionale dell'Energia del Cile ha implementato una piattaforma basata su blockchain per tracciare e autenticare i certificati di energia rinnovabile. La piattaforma consente trasparenza e tracciabilità nel mercato dell'energia rinnovabile, garantendo l'integrità dei certificati e promuovendo la sostenibilità.

La blockchain ha il potenziale di rivoluzionare i sistemi di voto fornendo registrazioni trasparenti, sicure e a prova di manomissione. Può aumentare la fiducia nei processi elettorali, consentire il voto a distanza e semplificare la verifica dei risultati.

La Virginia Occidentale ha sperimentato un sistema di voto mobile basato sulla tecnologia blockchain, consentendo al personale militare all'estero di esprimere il proprio voto in modo sicuro e remoto. L'iniziativa dimostra il potenziale della blockchain nel migliorare l'accessibilità e l'integrità nei sistemi di voto.

Sviluppare quadri normativi appropriati per la tecnologia blockchain pone sfide ai governi. Fattori importanti da considerare includono garantire la conformità alle normative esistenti, affrontare i potenziali rischi e trovare un equilibrio tra innovazione e protezione dei consumatori.

Raggiungere l'interoperabilità tra varie piattaforme blockchain e stabilire standard comuni sono sfide critiche. La collaborazione tra governi, attori del settore e organizzazioni internazionali è essenziale per affrontare le barriere all'interoperabilità e promuovere un ecosistema blockchain connesso.

La natura trasparente della blockchain solleva preoccupazioni sulla privacy e sulla sicurezza dei dati. I governi devono stabilire misure robuste di protezione dei dati, garantire una corretta crittografia e controlli di accesso e affrontare le preoccupazioni sulla privacy nelle implementazioni blockchain.

I governi sono sempre più impegnati in partenariati pubblico-privato per promuovere le iniziative blockchain. Gli sforzi collaborativi favoriscono la condivisione delle conoscenze, il pooling delle risorse e consentono soluzioni complete che soddisfano le esigenze sia dei governi che degli stakeholder industriali.

La cooperazione globale e lo scambio di conoscenze tra i governi sono cruciali per avanzare nella tecnologia blockchain. Forum, conferenze e iniziative internazionali facilitano la condivisione delle migliori pratiche, l'armonizzazione dei quadri normativi e la collaborazione nella ricerca e sviluppo della blockchain.

Le iniziative governative nella tecnologia blockchain hanno il potenziale di stimolare la crescita economica, attirare investimenti e creare nuove opportunità di lavoro. Abbracciando la blockchain, i governi possono posizionarsi come leader nella trasformazione digitale e nell'innovazione.

Impatto sulle Industrie Tradizionali

La tecnologia blockchain ha il potenziale di sconvolgere le industrie tradizionali offrendo soluzioni trasparenti, sicure e decentralizzate. Con l'accelerazione dell'adozione della blockchain, settori come la finanza, la catena di approvvigionamento, la sanità e altri stanno vivendo trasformazioni significative. Questa sezione esplora l'impatto della blockchain sulle industrie tradizionali, evidenziando il suo ruolo nel migliorare la trasparenza, l'efficienza, la fiducia e nello sbloccare nuovi modelli di business.

La tecnologia blockchain consente pagamenti e rimesse transfrontaliere rapidi, sicuri e convenienti. Eliminando gli intermediari e riducendo le commissioni di transazione, la blockchain offre un'alternativa decentralizzata ai sistemi bancari tradizionali.

Le stablecoin, come Tether e USD Coin, utilizzano la tecnologia blockchain per fornire valute digitali stabili ancorate alle valute fiat tradizionali. Le stablecoin offrono i vantaggi della blockchain, inclusi transazioni rapide e accessibilità globale, riducendo al minimo la volatilità dei prezzi.

La tecnologia blockchain migliora la trasparenza della catena di approvvigionamento registrando ogni transazione e movimento delle merci su un registro immutabile. Ciò consente alle parti interessate di verificare l'autenticità, l'origine e il movimento dei prodotti, riducendo le frodi, la contraffazione e migliorando l'efficienza della catena di approvvigionamento.

IBM Food Trust utilizza la tecnologia blockchain per aumentare la trasparenza e la tracciabilità della catena di approvvigionamento alimentare. Consentendo alle parti interessate di tracciare il percorso dei prodotti alimentari dal campo alla tavola, migliora la sicurezza alimentare, riduce gli sprechi e costruisce la fiducia dei consumatori.

La blockchain consente la creazione di cartelle cliniche sicure e interoperabili, permettendo agli operatori sanitari di accedere senza problemi a informazioni accurate sui pazienti. Ciò migliora il coordinamento delle cure, riduce gli errori medici e migliora i risultati per i pazienti.

MedRec è un sistema di cartelle cliniche basato su blockchain che consente ai pazienti di controllare i propri dati sanitari in modo sicuro. Consente agli operatori sanitari autorizzati di accedere alle cartelle cliniche dei pazienti, garantendo l'integrità dei dati, la privacy e un'erogazione efficiente delle cure.

La tecnologia blockchain può snellire le transazioni immobiliari fornendo registri trasparenti e immutabili della proprietà, dei trasferimenti e dei titoli di proprietà. Ciò riduce le frodi, migliora la fiducia e semplifica il processo di acquisto e vendita di immobili.

Propy è una piattaforma immobiliare basata su blockchain che consente transazioni immobiliari transfrontaliere. Sfruttando gli smart contract e la tecnologia blockchain, Propy semplifica il processo, riduce i costi e fornisce una piattaforma sicura per i trasferimenti di proprietà.

La blockchain facilita il commercio di energia peer-to-peer, consentendo a individui e aziende di acquistare e vendere energia direttamente. Gli smart contract automatizzano le transazioni, garantiscono trasparenza e consentono l'integrazione delle energie rinnovabili.

Power Ledger è una piattaforma di commercio di energia basata su blockchain che consente ai consumatori di acquistare e vendere energia solare in eccesso. La piattaforma favorisce i mercati energetici decentralizzati, promuove l'adozione delle energie rinnovabili e consente agli individui di diventare produttori di energia.

La blockchain affronta sfide di scalabilità quando gestisce un grande volume di transazioni. Sviluppare soluzioni scalabili mantenendo la decentralizzazione è cruciale per l'adozione diffusa della blockchain.

Il panorama normativo in evoluzione pone sfide all'adozione della blockchain nelle industrie tradizionali. Garantire la conformità alle leggi esistenti, alle normative sulla protezione dei dati e affrontare le questioni di giurisdizione sono considerazioni cruciali. Integrare la blockchain con i sistemi esistenti e le infrastrutture legacy può essere complesso.

Un'integrazione senza problemi e l'interoperabilità con i sistemi legacy richiedono una pianificazione attenta, competenze tecniche e collaborazione con gli stakeholder del settore.

La collaborazione tra attori del settore, organismi di standardizzazione e consorzi è essenziale per sviluppare soluzioni blockchain interoperabili. L'interoperabilità consente una condivisione dei dati e una comunicazione senza soluzione di continuità tra diverse reti blockchain, sbloccando nuove opportunità di collaborazione.

La blockchain consente la tokenizzazione degli asset, aprendo nuove strade per la raccolta di fondi, la proprietà frazionata e modelli di business innovativi. La tokenizzazione consente la democratizzazione delle opportunità di investimento e la creazione di ecosistemi decentralizzati.

Potenziali Sviluppi Futuri

La tecnologia blockchain si è rapidamente evoluta sin dalla sua nascita, rivoluzionando vari settori e sfidando i modelli di business tradizionali. Man mano che la blockchain continua a maturare, il suo potenziale per sviluppi futuri è vasto. Questa sezione esplora i possibili sviluppi futuri della tecnologia blockchain, inclusi progressi in scalabilità, privacy, interoperabilità, governance e tendenze emergenti che ne definiranno la traiettoria.

Le soluzioni di Layer-2 mirano a risolvere le sfide di scalabilità della tecnologia blockchain elaborando le transazioni off-chain pur sfruttando la sicurezza della blockchain sottostante. Soluzioni come Lightning Network per Bitcoin e i canali di stato per Ethereum migliorano il throughput delle transazioni e riducono le commissioni.

Lo sharding è una tecnica che comporta la suddivisione della rete blockchain in sottoinsiemi più piccoli e gestibili chiamati shard. Ogni shard può elaborare transazioni in modo indipendente, migliorando significativamente la scalabilità e le prestazioni complessive della blockchain.

Ethereum sta subendo un importante aggiornamento chiamato Ethereum 2.0, che incorpora lo sharding e una transizione dal consenso Proof of Work al consenso Proof of Stake. Questi cambiamenti dovrebbero migliorare la scalabilità, l'efficienza energetica e consentire alla rete di gestire un volume maggiore di transazioni.

Le zero-knowledge proofs consentono calcoli verificabili senza rivelare i dati sottostanti. Sfruttando le tecniche crittografiche, le zero-knowledge proofs migliorano la privacy nelle transazioni blockchain, consentendo transazioni sicure e private mantenendo la trasparenza della blockchain.

Le transazioni confidenziali utilizzano tecniche come la crittografia omomorfica e le range proofs per nascondere gli importi delle transazioni garantendone la validità. Ciò migliora la privacy mantenendo riservate le informazioni finanziarie sensibili pur consentendo la verifica delle transazioni.

Monero è una criptovaluta incentrata sulla privacy che utilizza firme ad anello, indirizzi stealth e transazioni confidenziali. Queste funzionalità di privacy garantiscono che le transazioni sulla blockchain di Monero siano non tracciabili e offrano una privacy avanzata per i suoi utenti.

I protocolli di interoperabilità mirano a facilitare la comunicazione e il trasferimento di dati senza interruzioni tra diverse reti blockchain. Questi protocolli consentono transazioni cross-chain, trasferimenti di asset e scambi di informazioni, favorendo un ecosistema blockchain connesso e interoperabile.

Le sidechain consentono il trasferimento di asset e dati tra diverse blockchain mantenendo le loro caratteristiche uniche. Meccanismi di bridging, come gli scambi atomici cross-chain, facilitano scambi di asset trustless tra più blockchain, migliorando l'interoperabilità.

Polkadot è una piattaforma multi-chain che mira a consentire l'interoperabilità tra diverse blockchain. Utilizza una relay chain e parachain per facilitare la comunicazione sicura e i trasferimenti di asset tra diverse blockchain all'interno della rete Polkadot.

Man mano che le reti blockchain evolvono, lo sviluppo di modelli di governance robusti diventa cruciale. La governance della blockchain include processi decisionali, meccanismi di consenso e coinvolgimento della comunità. I modelli di governance mirano a mantenere la decentralizzazione, garantire il consenso e adattarsi alle esigenze in evoluzione della comunità.

Le Organizzazioni Autonome Decentralizzate (DAO) sono organizzazioni che operano su reti blockchain, utilizzando smart contract e decisioni decentralizzate per automatizzare i processi di governance. I DAO consentono la partecipazione della comunità, il voto e il processo decisionale, responsabilizzando gli stakeholder e riducendo la necessità di controllo centralizzato.

Sulla blockchain di Ethereum, esiste un'organizzazione autonoma decentralizzata chiamata MakerDAO. Essa governa il Maker Protocol, che consente la creazione di stablecoin. I titolari di token MakerDAO partecipano ai processi di voto e decisione per orientare la direzione del protocollo.

I Non-Fungible Tokens (NFT) sono asset digitali unici, indivisibili e verificabili sulla blockchain. Hanno attirato molta attenzione nei settori dell'arte, dei giochi e dei collezionabili. Gli NFT offrono nuove possibilità per la proprietà, la provenienza e la monetizzazione degli asset digitali.

Le banche centrali di tutto il mondo stanno esplorando lo sviluppo di valute digitali utilizzando la tecnologia blockchain. Le Central Bank Digital Currencies (CBDC) mirano a fornire un mezzo di scambio sicuro ed efficiente, consentendo transazioni più rapide, riducendo i costi e migliorando l'inclusione finanziaria.

La Finanza Decentralizzata (DeFi) comprende una serie di applicazioni finanziarie costruite su reti blockchain, inclusi prestiti, prestiti, scambi decentralizzati e yield farming. I protocolli DeFi mirano a fornire servizi finanziari aperti e senza permessi, sconvolgendo gli intermediari tradizionali e consentendo una maggiore inclusione finanziaria.

CONCLUSIONE

Riepilogo dei Punti Chiave

La tecnologia blockchain è diventata una forza potente per la trasformazione, rimodellando interi settori, modelli di business ed ecosistemi decentralizzati. In questo e- book, abbiamo esplorato i vari aspetti della blockchain, inclusi i suoi principi fondamentali, componenti, meccanismi di consenso, applicazioni, sfide e potenziali sviluppi futuri. In questo riepilogo, riassumeremo i punti chiave trattati, fornendo una sintesi completa della tecnologia blockchain.

Comprendere la Tecnologia Blockchain:

- La blockchain è un registro distribuito decentralizzato, trasparente e immutabile che tiene traccia delle transazioni.

- Consente transazioni peer-to-peer senza la necessità di intermediari, migliorando l'efficienza e riducendo i costi.

- Le caratteristiche chiave della blockchain includono trasparenza, sicurezza, immutabilità e decentralizzazione.

Componenti della Blockchain:

- La blockchain è costituita da componenti chiave come nodi, transazioni, blocchi e il meccanismo di consenso.

- I nodi sono i partecipanti nella rete blockchain che mantengono e validano il registro.

- Le transazioni sono registrazioni di scambi di dati che vengono raggruppate in blocchi.

- I blocchi contengono un insieme di transazioni e sono collegati tra loro per formare la blockchain.

Meccanismi di Consenso:

- I meccanismi di consenso garantiscono l'accordo tra i nodi sullo stato della blockchain.

- Proof of Work (PoW) e Proof of Stake (PoS) sono meccanismi di consenso comuni.

- PoW richiede ai partecipanti di risolvere problemi matematici complessi, mentre PoS si basa sui partecipanti che detengono una quota nella rete.

Crittografia e Sicurezza:

- La crittografia svolge un ruolo vitale nella sicurezza delle reti blockchain.

- La crittografia a chiave pubblica consente transazioni sicure e verifica dell'identità.

- Le funzioni hash assicurano l'integrità dei dati generando identificatori unici per transazioni e blocchi.

- Le firme digitali forniscono autenticazione e non ripudio delle transazioni.

Smart Contracts:

- Gli smart contracts sono accordi auto-eseguibili che eseguono automaticamente azioni predefinite quando vengono soddisfatte condizioni specifiche.

- Consentono l'automazione e la programmabilità dei processi aziendali sulla blockchain.

- Gli smart contracts hanno diverse applicazioni, dai servizi finanziari alla gestione della supply chain e alle applicazioni decentralizzate (DApp).

Sistemi Centralizzati vs Decentralizzati:

- I sistemi centralizzati si affidano a un'autorità centrale per controllare e validare le transazioni.

- I sistemi decentralizzati, come la blockchain, distribuiscono il controllo e le decisioni tra i partecipanti alla rete.

- La natura decentralizzata della blockchain migliora la trasparenza, la sicurezza e la resilienza.

Adozione della Blockchain nei Settori Industriali:

- La blockchain ha visto una significativa adozione in vari

settori, tra cui servizi finanziari, gestione della supply chain, sanità e gestione delle identità.

- Migliora la trasparenza, l'efficienza, la fiducia e la sicurezza dei dati in questi settori.

- Le iniziative blockchain di governi, istituzioni e imprese stanno guidando la trasformazione digitale.

Sfide e Limitazioni:

- La blockchain affronta sfide come la scalabilità, la privacy, i quadri normativi, il consumo energetico e l'interoperabilità.

- Le sfide di scalabilità derivano dalla necessità di gestire un alto volume di transazioni senza compromettere la decentralizzazione.

- Le preoccupazioni sulla privacy riguardano la trasparenza della blockchain, rendendo necessarie tecnologie che migliorino la privacy.

- I quadri normativi devono adattarsi alla natura decentralizzata della blockchain pur affrontando requisiti legali e di conformità.

- Le sfide del consumo energetico derivano dalla natura ad alta intensità di risorse dei meccanismi di consenso, in particolare nelle blockchain basate su PoW.

- Le sfide di interoperabilità richiedono lo sviluppo di standard e protocolli per consentire una comunicazione senza soluzione di continuità tra diverse blockchain.

Possibili Sviluppi Futuri:

- I possibili sviluppi futuri della blockchain includono progressi in scalabilità, privacy, interoperabilità, governance e tendenze emergenti.

- Le soluzioni di Layer-2, lo sharding, le zero-knowledge proofs e i protocolli di interoperabilità affrontano le sfide di scalabilità e privacy.

- I modelli di governance e le organizzazioni autonome decentralizzate (DAO) favoriscono la partecipazione della comunità e il processo decisionale.

- Le tendenze emergenti, come i Non-Fungible Tokens (NFT), le valute digitali delle banche centrali (CBDC) e la finanza decentralizzata (DeFi), plasmano il futuro della tecnologia blockchain.

La tecnologia blockchain continua a rivoluzionare i settori industriali, ridefinire i modelli di business e rimodellare il modo in cui interagiamo e transiamo. In questo riepilogo, abbiamo coperto i principi fondamentali della blockchain, i suoi componenti, i meccanismi di consenso, le considerazioni sulla sicurezza e le applicazioni in vari settori. Abbiamo anche evidenziato le sfide e le limitazioni affrontate dalla blockchain ed esplorato i possibili sviluppi futuri. Man mano che la blockchain continua a evolversi, sforzi collaborativi, chiarezza normativa e progressi tecnologici saranno cruciali per realizzarne tutto il potenziale e sbloccare nuove opportunità di innovazione.

Considerazioni Finali sul Futuro della Tecnologia Blockchain

La tecnologia blockchain ha già avuto un effetto profondo su una varietà di settori, sconvolgendo i modelli di business consolidati e modificando radicalmente il modo in cui conduciamo affari e scambiamo informazioni. Guardando al futuro, è chiaro che il potenziale della blockchain è ancora lontano dall'essere raggiunto. In questa sezione finale verrà esaminato il futuro della tecnologia blockchain, insieme al modo in cui potrebbe promuovere l'innovazione, trasformare i settori e favorire un'economia digitale decentralizzata e inclusiva.

La blockchain ha il potenziale per sbloccare nuovi modelli di business che prima non erano fattibili o pratici. La possibilità di tokenizzare asset, creare applicazioni decentralizzate (DApp) e abilitare transazioni peer-to-peer apre possibilità per la finanza decentralizzata, la proprietà frazionata e nuove forme di economie collaborative.

L'integrazione della blockchain con tecnologie emergenti come l'intelligenza artificiale (AI), l'internet delle cose (IoT) e il cloud computing ha il potenziale per sbloccare nuove sinergie e applicazioni. La combinazione della sicurezza, trasparenza e decentralizzazione della blockchain con le capacità di queste tecnologie può portare a soluzioni innovative in settori come la gestione della supply chain, la sanità e le città intelligenti.

La fiducia è un fattore fondamentale in qualsiasi sistema economico. La tecnologia blockchain ha il potenziale per aumentare la fiducia nell'economia digitale fornendo registri trasparenti, a prova di manomissione e verificabili delle transazioni. Questo può favorire la fiducia tra i partecipanti, ridurre le frodi ed eliminare la necessità di intermediari.

La natura decentralizzata della blockchain dà potere agli individui dando loro il controllo sui propri asset digitali, identità e dati personali. Questo passaggio verso l'identità e la proprietà auto-sovrana può portare a una maggiore privacy, sicurezza dei dati e autonomia per gli individui. La blockchain può anche promuovere l'inclusione finanziaria fornendo alle comunità non bancarizzate e sottoservite l'accesso ai servizi bancari.

La natura decentralizzata della blockchain consente nuovi modelli di governance e processi decisionali. Le Organizzazioni Autonome Decentralizzate (DAO) permettono la partecipazione della comunità e il voto su decisioni importanti, riducendo la concentrazione di potere nelle autorità centralizzate. Questo favorisce una struttura di governance più inclusiva e democratica.

La trasparenza e l'immutabilità della blockchain consentono una maggiore responsabilità nella governance. Le organizzazioni governative, le istituzioni e le aziende possono sfruttare la blockchain per aumentare la trasparenza nelle transazioni finanziarie, nella gestione della supply chain e nei servizi pubblici. Questo può portare a una riduzione della corruzione, a una maggiore fiducia pubblica e a sistemi di governance più efficienti e responsabili.

La scalabilità della blockchain rimane una sfida chiave per l'adozione diffusa. Innovazioni come le soluzioni di layer-2, lo sharding e le transazioni off-chain sono in fase di esplorazione per affrontare le preoccupazioni di scalabilità senza compromettere la decentralizzazione. Questi progressi saranno cruciali per consentire alla blockchain di gestire alti volumi di transazioni e supportare applicazioni a livello aziendale.

Lo sviluppo di quadri normativi adeguati è cruciale per il futuro della tecnologia blockchain. I governi e i responsabili politici devono trovare un equilibrio tra promuovere l'innovazione e garantire la protezione dei consumatori, la privacy e il rispetto delle normative esistenti. Gli sforzi collaborativi tra i principali attori del settore e i responsabili politici sono essenziali per creare un ambiente normativo favorevole.

L'interoperabilità della blockchain, ovvero la capacità di diverse blockchain di comunicare e condividere dati tra loro, è essenziale per lo sviluppo di un ecosistema blockchain connesso e scalabile. Gli sforzi di standardizzazione sono necessari per stabilire protocolli, formati e interfacce comuni che consentano una interoperabilità senza soluzione di continuità tra le varie reti blockchain.

Il consumo energetico delle reti blockchain, soprattutto per quelle che utilizzano processi di consenso Proof of Work (PoW), è un problema significativo. Lo sviluppo di meccanismi di consenso più efficienti dal punto di vista energetico e l'adozione di fonti di energia rinnovabile possono mitigare l'impatto ambientale della tecnologia blockchain.

Man mano che l'adozione della blockchain aumenta, proteggere i dati sensibili e garantire la privacy diventa fondamentale. Le innovazioni nelle tecnologie che migliorano la privacy, come le zero-knowledge proofs e le transazioni riservate, possono affrontare le preoccupazioni sulla privacy e consentire transazioni sicure e private sulla blockchain.

La collaborazione tra attori del settore, startup e aziende consolidate è cruciale per lo sviluppo futuro della blockchain. Partnership, consorzi e iniziative open-source promuovono la condivisione della conoscenza, l'interoperabilità e lo sviluppo delle migliori pratiche e standard.

Il potenziale della blockchain è globale, e la cooperazione internazionale è necessaria per realizzare tutti i suoi benefici. La collaborazione tra governi, organismi di regolamentazione e principali attori del settore può facilitare l'armonizzazione delle normative, affrontare le sfide giurisdizionali e favorire un ecosistema blockchain globale.

È chiaro che siamo sull'orlo di una nuova era di innovazione mentre consideriamo il futuro della tecnologia blockchain. Poiché promuove efficienza, trasparenza e fiducia, la blockchain ha il potenziale per trasformare completamente i settori e sviluppare nuovi modelli di business. La sua adozione diffusa dipenderà dal superamento delle problematiche di scalabilità, regolamentazione e interoperabilità. Possiamo realizzare tutto il potenziale della blockchain e costruire un'economia digitale più decentralizzata, inclusiva e innovativa promuovendo la collaborazione, abbracciando le considerazioni etiche e sfruttando i progressi tecnologici.

Grazie per aver acquistato e letto/ascoltato il nostro libro. Se hai trovato questo libro utile, ti preghiamo di dedicare alcuni minuti a lasciare una recensione sulla piattaforma dove hai acquistato il nostro libro. Il tuo feedback è molto importante per noi.